30 x 45 MINUTEN

Juliane Müller

Englisch

Fertige Stundenbilder für
Highlights zwischendurch

Klasse 7–10

Verlag an der Ruhr

Impressum

Titel
30 x 45 Minuten – Englisch
Fertige Stundenbilder für Highlights zwischendurch. Klasse 7–10

Autorin
Juliane Müller

Titelbildmotiv (Kapiteldeckblatt-Motiv)
© determined/fotolia.com

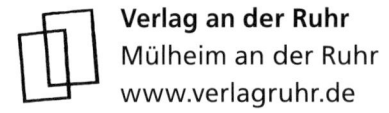

Verlag an der Ruhr
Mülheim an der Ruhr
www.verlagruhr.de

Geeignet für die Klassen 7–10

Unser Beitrag zum Umweltschutz:
Wir sind seit 2008 ein ÖKOPROFIT®-Betrieb und setzen uns damit aktiv für den Umweltschutz ein. Das ÖKOPROFIT®-Projekt unterstützt Betriebe dabei, die Umwelt durch nachhaltiges Wirtschaften zu entlasten. Unsere Produkte sind grundsätzlich auf chlorfrei gebleichtes und nach Umweltschutzstandards zertifiziertes Papier gedruckt.

Urheberrechtlicher Hinweis:
Das Werk und seine Teile sind urheberrechtlich geschützt. Jede Verwendung in anderen als den gesetzlich zugelassenen Fällen bedarf der vorherigen schriftlichen Einwilligung des Verlages. Im Werk vorhandene Kopiervorlagen dürfen vervielfältigt werden, allerdings nur für jeden Schüler der eigenen Klasse/des eigenen Kurses. Die dazu notwendigen Informationen (Buchtitel, Verlag und Autor) haben wir für Sie als Service bereits mit eingedruckt. Diese Angaben dürfen weder verändert noch entfernt werden. Die Weitergabe von Kopiervorlagen oder Kopien (auch von Ihnen veränderte) an Kollegen, Eltern oder Schüler anderer Klassen/Kurse ist nicht gestattet.
Der Verlag untersagt ausdrücklich das Herstellen von digitalen Kopien, das digitale Speichern und Zurverfügungstellen dieser Materialien in Netzwerken (das gilt auch für Intranets von Schulen und sonstigen Bildungseinrichtungen), per E-Mail, Internet oder sonstigen elektronischen Medien außerhalb der gesetzlichen Grenzen. Kein Verleih. Keine gewerbliche Nutzung. Zuwiderhandlungen werden zivil- und strafrechtlich verfolgt.
Bitte beachten Sie die Informationen unter www.schulbuchkopie.de.

Trotz sorgfältiger inhaltlicher Kontrolle kann keine Haftung für die Inhalte externer Seiten, auf die mittels eines Links verwiesen wird, übernommen werden. Für den Inhalt der verlinkten Seiten sind ausschließlich deren Betreiber verantwortlich.

© Verlag an der Ruhr 2014
ISBN 978-3-8346-2517-5

Printed in Germany

Inhalt

Vorwort 5
Cheat Sheet 7

United Kingdom (Klasse 7)

1 | Exploring London! (Borough Market, British afternoon tea and Wembley Stadium) 10
2 | Hello from Great Britain! (Writing an email) 14
3 | What can I do in Manchester/Windsor? (Calling a tourist office) 17

Sports and leisure (Klasse 7)

4 | The chocolate cake thief investigation (Irregular verbs) 22
5 | Fit and fun! (Word field *sport*) 28
6 | Obama usually dances on the moon after dinner. (Word order in sentences) 30

Family life (Klasse 7)

7 | What a family! *(want-constructions)* 36
8 | Welcome, summer holidays! (Word field *summer holidays*) ... 39
9 | Merry Christmas! (Christmas at home) 41

Teenage life (Klassen 7 und 8)

10 | Friends in trouble (Expressing empathy) 46
11 | Free time junkies (Common grammar mistakes) 51
12 | SOS – I need your help! (Asking for help and offering help) .. 55
13 | The dare (Giving advice and reacting to it) 59

The media (Klassen 7 und 8)

14 | A day in the life of … (Stars) 64
15 | Star Life Express (Word order in questions) 66
16 | Media.com (The media landscape) 69
17 | Mobile phones at school? (Common spelling mistakes) 72

United States of America (Klasse 8)

18 | Email from California (Capitalisation) 78
19 | Exploring the USA (Talking about a trip) 82
20 | New York, New York (Writing an email) 87
21 | Welcome to the West Coast! (Presenting a city) 90

Work (Klassen 8, 9 und 10)

22 | World of work (Word field *work*) 94
23 | Finding your dream job (Career counselling) 100
24 | Almost slaves! (Child labour) 102

Inhalt

Immigration and national pride (Klassen 9 und 10)

25 | My new life in Great Britain
(Immigration into Great Britain) 106
26 | Ellis Island – Isle of Hope, Isle of Tears
(Immigration into the USA) 109
27 | America the beautiful (National pride) 114

Growing up (Klassen 9 und 10)

28 | Growing up – What does that mean?
(Defining the term growing up) 118
29 | Take it easy! (Stress management) 121
30 | My life in 10 years (The students' dreams for the future) . . . 124

Bildnachweise 126
Medientipps 127

Vorwort

Lieber Kollege*,

vor Ihnen liegt ein Buch mit 30 Sternstunden für die Jahrgangsstufen 7–10, die eine echte Alternative zum Schulbuch bieten und zudem Aspekte vertiefen, die im Schulbuch häufig zu kurz kommen (wie häufige Fehler, grammatische Aspekte oder einfach die mündliche Sprachkompetenz). Doch das Buch soll Ihnen nicht nur ganz besondere Stunden bieten, sondern auch jede Menge hilfreicher Materialien und methodischer Ideen weit darüber hinaus. Im Folgenden möchte ich Ihnen einige Tipps zum Einsatz der Materialien und einiger vorgestellter Methoden sowie zum allgemeinen Umgang mit diesem Buch geben.

Ein wichtiger Bestandteil der meisten Stunden ist die Kommunikation der Schüler miteinander, die in der Unterrichtspraxis häufig noch zu kurz kommt. Sprachliche Hilfen, wie z. B. Redemittel, senken die Sprachhemmungen der Schüler oft enorm und können diese Kommunikation nur unterstützen. Deshalb setze ich in vielen meiner Stunden das *Cheat Sheet* (siehe S. 7f.) ein, das Redemittel für verschiedene Unterrichtssituationen bereithält. Dieses *Cheat Sheet* teile ich zu Beginn jedes Schuljahrs in den Englischklassen aus und lasse es in das *Workbook* einkleben. So haben die Schüler es immer dabei und können es bei Diskussionen, Bildbeschreibungen, dem Verfassen von E-Mails oder der Reaktion auf Infotexte zurate ziehen. Ähnlich verhält es sich mit dem Materialblatt zu *Friends in trouble, Feelings* (siehe S. 49). Diese Vokabelsammlung haben meine Schüler auch immer im *Workbook* und nutzen sie z. B. zum Verfassen innerer Monologe oder Tagebucheinträge.

Ein anderer wichtiger Aspekt meiner Stunden ist die Arbeit der Schüler in kooperativen Lernformen, in der Regel ebenfalls zur Förderung der Kommunikation. Damit die Schüler nicht ein ganzes Schuljahr mit ihrem Sitznachbarn arbeiten, teile ich die Schüler ca. drei Wochen nach Beginn des Schuljahrs in **leistungsheterogene 2er-Teams** ein. Diese Teams arbeiten ca. sechs Wochen zusammen, bis ich neue Teams bilde. Zu Beginn sind die Schüler oft natürlich nicht begeistert. Im Laufe des Schuljahres merken sie aber, wie insbesondere die leistungsschwachen Schüler davon profitieren.

Oft setze ich in meinen Stunden die *Talk-Change-Talk*-Methode und die *Milling-Around*-Methode ein. Diese Methoden werden Sie auch in vielen der in diesem Buch vorgestellten Stunden finden:

◎ Talk-Change-Talk

Diese Methode eignet sich für Phasen, in denen die Schüler über ein vorgegebenes Thema sprechen sollen. Zunächst tauschen sich die Sitznachbarn miteinander aus. Wenn beide Schüler miteinander gesprochen haben, stehen sie auf, warten, bis ein anderes 2er-Team fertig ist, und gehen auf die entsprechenden Schüler zu, um so neue 2er-Teams zu bilden und miteinander über das Thema zu sprechen.

Diese Methode eignet sich besonders dann, wenn der Sprechauftrag so gestaltet ist, dass er ein festes Ende der Kommunikation zwischen den Schülern beinhaltet. Dies ist z. B. der Fall, wenn die Schüler einander interviewen und dabei pro Schüler genau drei Fragen stellen bzw. beantworten sollen.

---

* Aus Gründen der besseren Lesbarkeit haben wir in diesem Buch durchgehend die männliche Form verwendet. Natürlich sind damit auch immer Frauen und Mädchen gemeint, also Lehrerinnen, Schülerinnen etc.

Vorwort

Gibt der Sprechauftrag kein festes Ende des Gespräches vor, eignet sich die *Milling-Around-*Methode gut.

◎ Milling Around

Für diese Methode brauchen Sie ein Lied mit möglichst peppiger und motivierender Musik ohne Gesang. Bitten Sie die Schüler zunächst, aufzustehen und im Klassenraum herumzulaufen. Dabei spielen Sie Musik. Sobald Sie die Musik stoppen, suchen sich die Schüler einen Partner. Dann stellen Sie eine Frage, über die die Schüler miteinander diskutieren. Wenn Sie die Musik wieder anschalten, laufen die Schüler erneut durch den Klassenraum. Beim nächsten Musikstopp suchen sie sich einen neuen Partner und sprechen über die nächste Frage. In einer Kennenlernstunde zu Beginn eines neuen Schuljahrs sind mögliche Fragen beispielsweise: *1. How do you spend your free time? 2. If you could travel to another country and spend a week there, where would you go and why? 3. If you could be another person for one day, who would you like to be and what would you do?* Die Fragen können unabhängig voneinander sein oder inhaltlich aufeinander aufbauen. Je nach Art der Fragen bzw. Leistungsstand der Lerngruppe kann es sinnvoll sein, jede Frage noch einmal an das Plenum zu stellen und kurz beantworten zu lassen, nachdem die Schüler mit ihrem Partner darüber gesprochen haben.

Außerdem kommt häufiger eine **Blitzlichtabfrage** vor, bei der die Schüler spontan Assoziationen äußern sollen.

Für jede Stunde finden Sie eine genaue Beschreibung von Inhalt, Kompetenzerwartungen, Material, Vorbereitung und Stundenverlauf. Neben diesen Lehrerseiten gibt es zu den meisten Stunden zusätzliches Material in Form von
- Arbeitsblättern,
- Materialblättern,
- Folienvorlagen,
- ggf. Lösungen.

So haben Sie ein Rundum-Sorglos-Paket und sparen sich viel Vorbereitung. Zu erwähnen ist außerdem, dass es häufig Aufgaben für besonders Schnelle gibt, die sogenannten Turboworkers-Aufgaben, sodass niemand sich langweilen wird.

Viele der Stunden in diesem Buch werden Sie sicher so, wie sie hier beschrieben sind, gut in Ihrer Lerngruppe halten können. Ich ermuntere Sie aber dennoch, **einige Stunden auch nach Ihrer Einschätzung der Lerngruppe zu verändern**. Vielleicht lesen Sie sich nicht nur die Stunden durch, die aufgrund ihres Einsatzes in bestimmten Jahrgangsstufen für Sie und Ihre Klassen momentan in Frage kommen. Auch andere in diesem Buch beschriebene Stunden halten sicher **methodische Ideen** für Sie bereit, die Sie, entsprechend abgewandelt, auch in ganz anderen Kontexten einsetzen können.
Ich wünsche Ihnen und Ihren Schülern viel Spaß bei der Durchführung der Stunden.

Abschließend möchte ich mich bei meinem Freund bedanken, der mich in den letzten Monaten oft unterstützt und viel Geduld gezeigt hat. Mein Dank geht auch an alle Klassen des Landgraf-Ludwigs-Gymnasiums Gießen, in denen ich die beschriebenen Stunden erprobt habe und die diese Stunden in einigen Fällen durch konstruktives Feedback noch weiter verbessert haben.

Cheat Sheet

◎ Describing a picture/photo

In the picture you can see …	Auf dem Bild kann man … sehen.
In the foreground, there is/are …	Im Vordergrund ist/sind …
In the background, there is/are …	Im Hintergrund ist/sind …
On the left/right, you can see …	Links/Rechts kann man … sehen.
At the top/bottom, you can see …	Oben/Unten kann man … sehen.
In front of … there is/are …	Vor … ist/sind …
Behind … there is/are …	Hinter … ist/sind …
Next to … there is/are …	Neben … ist/sind …
In the middle there is/are …	In der Mitte ist/sind …

◎ Talking about a picture/photo

- I (don't) like this picture/photo because …
- My first thought when I saw it was …
- To me, the photo is shocking/amazing/special because …
- The photo reminds me of …

◎ Jumping into a picture/photo

- I would/wouldn't like to be in this photo because …
- If I were in this photo, I would see/smell/feel/hear …
- If I were in this photo, I would sit/stand in/on/next to …
- If I were in this photo, I would ask/tell the lady/man/child in the photo …

What else would you do if you were in the photo? ➡ If I were in the picture, I would …

◎ Oral communication

How to introduce your statement	**How to interrupt somebody**
- Well, I think … - It seems to me that … - I'd like to say that … - I'm sure that … - I think/believe that … - In my opinion, …	- Hold on, … - Wait a minute, … - Just a second, … - Sorry, but … - May I say/ask something?
How to agree with the previous speaker	**How to disagree with the previous speaker**
- I (totally) agree. - You're quite right. - Absolutely./Precisely./Exactly. - That's a good point/an important point.	- I'm of a different opinion. - I don't agree with you. - I don't think so.

Cheat Sheet

◎ Responding to informational texts

- *It's interesting that … / I didn't know that …*
- *It made me happy to hear/read that …*
- *I think it's funny that …*
- *I'm surprised that …*
- *I wonder why …*
- *I don't understand why/how …*
- *I felt really sad/shocked/angry when I heard that …*
- *I can't believe that …*

◎ Writing an email, writing about events

Useful phrases

- *Dear …*
- *I hope you are doing well.*
- *Please write back soon.*
- *Love, … /Yours, …*

Useful words

When writing about an event, use words to make your story interesting and coherent:

- *first* (zuerst), *second* (an zweiter Stelle, als Zweites), *third* (an dritter Stelle, als Drittes), *at the beginning* (am Anfang)
- *afterwards* (danach)
- *later* (später), *some time later* (einige Zeit später), *an hour later* (eine Stunde später)
- *at the end* (am Schluss), *finally* (schließlich)
- *because of this* (deshalb), *that is why* (deshalb), *therefore* (deshalb), *for this reason* (aus diesem Grund)
- *but* (aber, Satzmitte), *however* (jedoch, allerdings, Satzanfang)
- *although* (obwohl), *in spite of this* (obwohl)

◎ Adjectives

Also, use adjectives like *interesting, amazing, colourful, small, round*.
That way, the reader can imagine better what you describe.

United Kingdom
Klasse 7

ns/
Exploring London!

Darum geht's

In dieser Stunde reisen die Schüler nach London. Nachdem sie sich verschiedene Touristenattraktionen wieder in Erinnerung gerufen haben, beschäftigen sie sich zunächst tiefer gehend mit dem *Wembley Stadium*, dem britischen *Afternoon Tea* und dem *Borough Market*. Im Anschluss planen sie mit ihrem Partner, welche Sehenswürdigkeiten sie auf jeden Fall in London sehen möchten, bevor sie sich auf eine Fantasiereise in die britische Hauptstadt begeben. Voraussetzung für diese Stunde ist, dass die Schüler zumindest Grundkenntnisse über die Londoner Sehenswürdigkeiten besitzen.

Kompetenzerwartungen

Die Schüler
- beschäftigen sich mit verschiedenen Touristenattraktionen in London.
- trainieren die mündliche Kommunikation.
- trainieren ihr Leseverständnis.
- üben Redemittel ein, mit deren Hilfe sie gemeinsam ihre Zeit in London planen können.

Materialliste

- leere Karteikarten (DIN A7)
- Materialblätter *Exploring London!*
- Musik ohne Gesang, Abspielmöglichkeit

◎ Das bereiten Sie vor

- Fertigen Sie Kopien der Materialblätter an (pro Schüler 1-mal).
- Schneiden Sie die einzelnen Bestandteile aus.

◎ Stundenverlauf

Einstieg (ca. 10 Minuten + 5 Minuten)

Geben Sie jedem Schüler eine Karteikarte. Die Schüler sollen nun je drei Dinge auf ihre Karte schreiben, die sie mit London assoziieren. Dies können Sehenswürdigkeiten sein, aber auch z. B. die *Olympic Games* oder Musikstars, die aus London kommen.
Nun stehen alle Schüler auf. Nach der *Talk-Change-Talk*-Methode (siehe Vorwort S. 5) erklären/umschreiben beide Partner einander abwechselnd die Begriffe auf ihrer Karte bzw. erraten die erklärten Begriffe. Wenn sie je alle drei Begriffe erklärt bzw. erraten haben, tauschen sie ihre Karte aus und suchen sich einen neuen Partner. Beenden Sie diese Phase nach ca. zehn Minuten.

Tragen Sie dann alle von den Schülern genannten Londoner Sehenswürdigkeiten an der Tafel in einer Mindmap zusammen und leiten wie folgt auf die nächste Phase über:
The tourist attractions that you've mentioned are all very well-known. Let's find out some interesting details about Wembley Stadium, Borough Market and the British Afternoon Tea.

Arbeitsphase (ca. 15 Minuten + 5 Minuten)

Verteilen Sie die Kopien der drei Abschnitte *Wembley Stadium*, *Borough Market* und *Afternoon Tea* auf dem ersten Materialblatt in drei Stapeln auf drei Ecken des Raumes. Geben Sie jedem Schüler eine Kopie des Abschnitts *How to explore London*, erläutern Sie anhand dessen die Vorgehensweise und teilen Sie die Schüler in drei Blöcke auf:
Die Schüler von Block 1 holen sich zunächst den Infozettel aus der ihnen am nächsten liegenden Ecke. Nachdem sie den Zettel gelesen haben, sich

dazu Notizen gemacht und ihn zurückgebracht haben, holen sie sich den in der nächsten Ecke liegenden Zettel, wobei sie hier im Uhrzeigersinn vorgehen. Block 2 und 3 beginnen jeweils mit einer anderen Sehenswürdigkeit bzw. Ecke im Klassenraum. In dieser Phase arbeiten die Schüler in Einzelarbeit.
(Die Einteilung in Blöcke dient lediglich dazu, die Schüler an unterschiedlichen Ecken des Klassenraumes beginnen zu lassen, um Chaos zu vermeiden.)

Daran schließen sich die Phasen 4–6 auf dem Abschnitt *How to explore London* an.
Legen Sie dafür den Abschnitt *Planning your time in London – Useful phrases* auf Ihr Pult. Leiten Sie wie folgt auf die letzte Phase über, wenn alle Schüler mindestens 1-mal über die Reise nach London gesprochen haben:
Having planned your trip to London carefully, let's travel there together.

Abschluss (ca. 10 Minuten)

Am Ende der Stunde steht ein *Milling Around* (siehe Vorwort S. 6), bei dem die Schüler eine Fantasiereise nach London unternehmen. Stellen Sie nacheinander die folgenden Fragen:
1. *Your plane leaves for London tomorrow. What do you think you'll need in London? What do you pack into your suitcase?*
2. *What's the first thing you do in London after you have checked into your hotel?*
3. *Your first day is coming to an end. Will you go to bed early to be fit for the next day, or will you explore London's nightlife?*
4. *You've spent an exciting week in London. Now, your plane back to Germany leaves in one hour, and you still have £ 10,00 left. What do you buy?*
   a) chocolate for your flight back,
   b) a book to read on the flight back,
   c) postcards for your friends

Exploring London! (1/2)

Wembley Stadium

Wembley Stadium is enormous in size. With 90,000 seats it is the largest stadium in the UK and the second largest one in Europe. It is most famous for the football games of the England national football team. But not only sports events take place in the stadium. There are lots of concerts, too. If you are interested in seeing Wembley Stadium, just take a tour. You will see the football players' dressing rooms, the press room, the original flag of the Olympic games of 1948 and much more.

Nach: http://wembleystadium.com

Borough market

Borough Market is Britain's most famous food market. It is fun to walk around and look at all the different kinds of food. There is food from all over the world: different *spices*, all kinds of bakeries and fish fresh from the ocean. The *traders* will talk to you, exchange recipes and explain to you what you can cook with all those fruits and vegetables. Often, they even give you little *samples* of food to try. If you want to experience international London, do not miss out on Borough Market.

→ spice: Gewürz, trader: Verkäufer, recipe: Rezept, sample: hier: Kostprobe

Nach: www.boroughmarket.org.uk

Afternoon Tea

It was Anna, the 7th *Duchess* of Bedford, who invented the ritual of afternoon tea. She lived in the early 1800s when it was *common* to eat only two bigger meals per day: breakfast early in the morning and dinner late in the evening. Anna was so hungry in between that she decided to have tea and a snack in the afternoon. First, she did this secretly in her bedroom, but soon close friends joined her. Nowadays, the five o'clock afternoon tea is a British tradition known all over the world.

→ duchess: Herzogin, common: üblich

Nach: www.telegraph.co.uk

How to explore London

1. Read the first info text and write down three key words.
2. Bring your first text back to the right corner and get the second text from the next corner. Read it and write down three key words. Continue like this with the third text.
3. Write down four things that you absolutely want to see/do on a class trip to London with your teacher (at least one from the info texts, the others e. g. from the mindmap on the board).
4. Take the sheet *Planning your time in London – Useful phrases.* Walk to the board. Wait until another pupil joins you.
5. Talk about what you want to see/do in London on your class trip and why. You may use your notes.
6. When you are done, separate and look for a new partner.

Exploring London! (2/2)

◎ Planning your time in London – Useful phrases

Making suggestions	Reacting to suggestions
⊙ Would you like to see/visit/go to …? ⊙ Are you interested in …? ⊙ I'd like to go to … ⊙ Let's go to/visit … ⊙ I think the most important sights are … ⊙ We absolutely have to see … ⊙ We definitely have to go to … ⊙ We shouldn't miss … ⊙ I'm looking forward to our trip.	⊙ That's a good idea! ⊙ That sounds great/interesting. ⊙ Oh, yes! We should do that! ⊙ Yes, we definitely have to see/do this. ⊙ Hm, I think that sounds rather boring. ⊙ Well, I'm not interested in museums/parks/churches … ⊙ Hm, to be honest I don't like this idea.

◎ Planning your time in London – Useful phrases

Making suggestions	Reacting to suggestions
⊙ Would you like to see/visit/go to …? ⊙ Are you interested in …? ⊙ I'd like to go to … ⊙ Let's go to/visit … ⊙ I think the most important sights are … ⊙ We absolutely have to see … ⊙ We definitely have to go to … ⊙ We shouldn't miss … ⊙ I'm looking forward to our trip.	⊙ That's a good idea! ⊙ That sounds great/interesting. ⊙ Oh, yes! We should do that! ⊙ Yes, we definitely have to see/do this. ⊙ Hm, I think that sounds rather boring. ⊙ Well, I'm not interested in museums/parks/churches … ⊙ Hm, to be honest I don't like this idea.

Hello from Great Britain!

Darum geht's

In dieser Stunde ist die Fantasie der Schüler gefragt.
Den Einstieg bildet ein Galeriegang, bei dem die Schüler Bilder verschiedener Städte Großbritanniens sehen und in 2er-Teams ihre Eindrücke, Gefallen oder auch Missfallen austauschen. Anschließend suchen sie sich eines der Bilder aus. Sie sollen sich vorstellen, sie wären vor zwei Wochen in die auf dem Bild gezeigte Stadt gezogen. Nun schreiben sie einem Freund eine E-Mail. Sie berichten über ihre ersten Wochen in der neuen Stadt und gehen dann auf das Bild ein, das sie im Anhang mitschicken. Hier sollen sie so fantasiereich wie möglich beschreiben, inwieweit der abgebildete Ort zu ihrem neuen Leben gehört.
Den Abschluss bildet die Präsentation der Texte gepaart mit einem kleinen Ratespiel.

Kompetenzerwartungen

Die Schüler
- trainieren die mündliche Kommunikation und festigen Redemittel zur Bildbeschreibung.
- verfassen unter Verwendung von *connectives* eine E-Mail.
- trainieren ihr Hörverständnis.

Materialliste

- Arbeitsblatt *Hello from Great Britain!*
- von den Schülern mitgebrachte Bilder
- *Cheat Sheet* (siehe S. 7f.)

◎ Das bereiten Ihre Schüler vor

Lassen Sie die Schüler als Hausaufgabe Farbbilder von Großbritannien suchen und mitbringen (pro Schüler ein bis zwei). Überlegen Sie sich vorher fünf verschiedene Städte, darunter auch welche, über die im Unterricht bereits gesprochen wurde (Beispiel: 1: London, 2: Manchester, 3: Liverpool, 4: Leicester, 5: Birmingham). Zählen Sie die Schüler in der Klasse von 1 bis 5 ab. Schüler mit der Nummer 1 bringen Bilder von London mit, Schüler mit der Nummer 2 welche von Manchester etc. So vermeiden Sie eine Doppelung von Fotos, falls die Schüler in den gleichen Medien recherchieren sollten, und auf der anderen Seite ein Fehlen von Bildern.
Das Bild sollte mit dem Namen der Stadt beschriftet werden, aus der es stammt.
Die Bilder sollen alles zeigen, was eine Stadt ausmacht: Häuser, einen Park, Sehenswürdigkeiten, einen Strand …
Um sicherzugehen, dass genug Bilder mitgebracht werden, können Sie diese Hausaufgabe auch schon mehrere Stunden vor dieser Stunde aufgeben und die Bilder einsammeln.

◎ Das bereiten Sie vor

- Kopieren Sie das Arbeitsblatt pro Schüler 1-mal.
- Die Schüler brauchen ihr *Cheat Sheet*.

◎ Stundenverlauf

Einstieg (ca. 15 Minuten)

Verteilen Sie zu Beginn der Stunde die Bilder so auf den Tischen, dass immer zwei Bilder mit unterschiedlichen Motiven (z. B. Manchester bei Nacht und Hyde Park in London) paarweise nebeneinanderliegen.
Nun sollen sich die Schüler zu zweit ein Bildpaar aussuchen und darüber mithilfe der Redemittel *Talking about a picture/photo* und *Jumping into a picture/photo* auf ihrem *Cheat Sheet* sprechen. Wenn diese Redemittel den Schülern noch nicht geläufig sind, ist es sinnvoll, sie zunächst gemeinsam durchzugehen.
Nachdem die Schüler sich über zwei Bilder unterhalten haben, gehen sie zum nächsten Tisch und sprechen darüber.
Beenden Sie diese Phase nach ca. 15 Minuten und bitten Sie die Schüler, sich ein Bild auszusuchen, mit dem sie im Folgenden arbeiten möchten. Damit entscheiden sie sich dann auch für eine bestimmte Stadt.

United Kingdom | Hello from Great Britain! | Lehrerhinweise

Arbeitsphase (ca. 20 Minuten)

In dieser Phase sollen sich die Schüler vorstellen, dass sie vor zwei Wochen in die auf ihrem Bild abgebildete Stadt gezogen sind. In einer E-Mail an einen Freund berichten sie von ihrem neuen Leben und nehmen dabei Bezug auf das Motiv. Erklären Sie diesen Arbeitsauftrag detaillierter mithilfe des Arbeitsblattes *Hello from Great Britain!*, das Sie jedem Schüler austeilen.

Abschluss (ca. 10 Minuten)

Bitten Sie die Schüler im Anschluss an die Arbeitsphase, kurz ihre Augen zu schließen, damit Sie die Bilder einsammeln und danach so wieder austeilen können, dass möglichst kein Schüler das von ihm bearbeitete Bild noch einmal bekommt. Nun präsentiert ein Schüler seinen Text, während alle anderen Schüler zuhören und herausfinden müssen, ob sie das zum Text gehörige Bild in der Hand halten.

| 30 x 45 Minuten | Englisch

Hello from Great Britain!

Imagine you've moved to Great Britain with your parents. You've been living there for about two weeks now. Now you decide to write an email to your pen pal from the USA. To make it easier for him/her to picture where you live now, you send him/her a photo as an attachment.

- Tell him/her briefly about your first weeks in Great Britain.
- Describe the picture in your attachment. Is it a picture of the park you always go to? Or does it show the house in which you live with your family? How does your house look inside? And what do you see when you look out of the window? ... Describe the picture and tell him/her how much this place is part of your new life.

Language Help

- Use your Cheat Sheet to describe the photo.
- Make use of connectives like *first, later, because of this* to make your text more coherent (➔ *Writing an email, writing about events* on your *Cheat Sheet*).
- Continue your email on the back of this sheet if you need more space.

SEND

from: _____

to: _____

Hello from Great Britain!

Dear .... ,

I have been living in Great Britain for two weeks now. It's ....

United Kingdom | What can I do in Manchester/Windsor?! | Lehrerhinweise

What can I do in Manchester/Windsor?

Darum geht's

In dieser Stunde sollen die Schüler mithilfe entsprechender Redemittel lernen, durch einen Anruf beim Touristenbüro Reiseinformationen zu erfragen.
Nach einem kurzen Einstieg arbeiten sie an einem Rollenspiel, in dem die Redemittel geübt werden. Gleichzeitig erfahren die Schüler so etwas über die Städte Manchester und Windsor.
Am Ende der Stunde steht die Präsentation der Rollenspiele und evtl. die Frage, was sie selbst gern in Manchester bzw. Windsor sehen würden.

Kompetenzerwartungen

Die Schüler
- trainieren die mündliche Kommunikation.
- üben Redemittel ein, mit deren Hilfe sie Reiseinformationen in einem Touristenbüro erfragen können.
- lernen die Städte Manchester und Windsor ansatzweise kennen.

Materialliste

Arbeitsblatt *What can I do in Manchester/Windsor?*

◎ Das bereiten Sie vor

Fertigen Sie Kopien des Arbeitsblattes an (pro Schüler 1-mal).

◎ Stundenverlauf

Einstieg (ca. 10 Minuten)

Schreiben Sie vor dem Unterricht die folgenden Wörter in zwei Spalten an die Tafel, sodass Spalte A von der rechten Tafelhälfte und Spalte B von der linken Tafelhälfte verdeckt werden kann:

A	B
football	Queen Elizabeth
shopping	park
theatre	boat trip
museum	castle

Zu Beginn der Stunde arbeiten die Schüler in 2er-Teams: Ein Schüler guckt zur Tafel, der andere Schüler dreht sich mit dem Gesicht in die entgegengesetzte Richtung.
Klappen Sie nun die linke Tafelhälfte auf. Partner A erklärt Partner B die Wörter, Partner B muss sie erraten.
Lassen Sie die Schüler dann die Rollen tauschen und klappen Sie die rechte Tafelhälfte auf.
Nun erklärt Partner B und Partner A rät.
Geben Sie im Anschluss den Spalten Überschriften: Spalte A = *Manchester*, Spalte B = *Windsor*.
Leiten Sie wie folgt auf die folgende Diskussion über: *When people think of Manchester, they often think of football, shopping, theatres and museums. When people think of Windsor, they often think of Queen Elizabeth, parks, boat trips and the castle. Now, looking at these key words on the board, where would you like to go? Talk with your partner.*

Die Schüler diskutieren diese Frage mit ihrem Partner und begründen ihre Wahl.
Leiten Sie danach auf die Vorbereitung der Rollenspiele über: *If you go to a city you don't know, it's often useful to call the tourist office to ask for information. Let's practise that together.*

United Kingdom | What can I do in Manchester/Windsor?! | Lehrerhinweise

Arbeitsphase (ca. 5 Minuten + 15 Minuten + 5 Minuten)

Teilen Sie das Arbeitsblatt *What can I do in Manchester/Windsor?* aus. Lesen Sie mit den Schülern die Aufgabenstellung und die Redemittel und klären Sie eventuelle (Vokabel-)Fragen.

Nun kann es losgehen: In den 2er-Teams entscheiden sich die Schüler für eine Stadt und erarbeiten das Rollenspiel, bei dem Partner A als Tourist bei Partner B im Touristenbüro anruft und Reiseinformationen erfragt. Den Dialog sollen die Schüler in ihrem Heft notieren.
Erfahrungsgemäß benötigen sie für diese Phase ca. 15 Minuten.

Geben Sie den Schülern dann fünf Minuten Zeit, in denen sie das Rollenspiel üben und ihre Rolle evtl. sogar auswendig lernen können, damit sie bei der Präsentation des Rollenspiels im Anschluss möglichst frei sprechen.

Abschluss (ca. 10 Minuten)

Das Ende der Stunde bildet die Präsentation der Rollenspiele. Achten Sie hier darauf, dass sowohl Anrufe in einem Touristenbüro in Manchester als auch in Windsor gespielt werden.
Wenn noch Zeit bleibt, können die Schüler dazu aufgefordert werden, mit ihrem Partner zu besprechen, welche Sehenswürdigkeit sie in „ihrer" Stadt gern sehen würden und warum. Nach dieser kurzen Murmelphase in den 2er-Teams kann die Frage als Stundenabschluss auch im Plenum besprochen werden.

United Kingdom | **What can I do in Manchester/Windsor?** | Arbeitsblatt

What can I do in Manchester/Windsor?

Would you like to go to Manchester or to Windsor? Decide with your partner.
Then, prepare a dialogue for the city you've chosen.
You don't need to include all the given information.
The useful phrases will help you.

Partner A: You're planning a trip to Manchester/Windsor, and you call the tourist office there to ask for information.

Partner B: You work in the tourist office in Manchester/Windsor. You answer A's call. Look for information about Manchester/Windsor below.

◎ Things to do in Manchester

Manchester Arndale	Manchester United Museum
⊙ huge shopping centre ⊙ over 240 shops ⊙ lots of restaurants ⊙ cinema	⊙ great museum for every football fan ⊙ opening hours: 9:30 a.m. – 4:30 p.m. ⊙ tickets: 18 £ for an adult, 12 £ for a child ⊙ museum tour with stadium tour possible

Nach: www.visitmanchester.com

◎ Things to do in Windsor

Boat trip	Windsor Great Park
⊙ on the river Thames ⊙ from April to October ⊙ bring: your camera, warm clothes and sunglasses	⊙ huge park ⊙ great place for picnics, walking, biking and horse riding

Nach: www.windsor.gov.uk

◎ Calling a tourist office – Useful phrases

Calling the tourist office (A)	Working in the tourist office (B)
⊙ Hello, this is … ⊙ I'm planning a trip to … ⊙ What can you tell me about … ⊙ I'd like to know … ⊙ Can you tell me the opening hours? ⊙ How much are the tickets? ⊙ Where can I stay? ⊙ That's very kind of you. ⊙ Thank you very much for your help.	⊙ Hello, this is … ⊙ How can I help you? ⊙ You should see/go to … ⊙ It's open from … till … ⊙ The tickets are … ⊙ You can stay in … ⊙ You're welcome.

Sport and leisure

Klasse 7

The chocolate cake thief investigation

Darum geht's

Ziel dieser Stunde ist die Wiederholung und Festigung der unregelmäßigen Verben, was inhaltlich mit der Suche nach einem Schokoladenkuchendieb verbunden wird.

Nach einem kurzen Einstieg erzählt der Lehrer von Klasse 7b, die eine Party feiern wollte. Kurz zuvor wurde jedoch der extra dafür gebackene Schokoladenkuchen gestohlen. Jonathan ist deshalb so böse, dass er sich auf die Suche nach dem Dieb begibt.

Die Antworten seiner Verdächtigen auf die Frage *What did you do after school yesterday?* sind Übungen zu den *Simple-past*-Formen der unregelmäßigen Verben.

Anhand der Aussagen der Verdächtigen sollen die Schüler überdies herausfinden, wer den Kuchen gegessen hat.

In der letzten Phase der Stunde wiederholen die Schüler wieder in Verbindung mit der Party auf motivierende Art und Weise auch das *participle* der unregelmäßigen Verben.

Kompetenzerwartungen

Die Schüler
- wiederholen und festigen die unregelmäßigen Verben (*Simple past* und *Participle-Form*).
- trainieren die mündliche Kommunikation.

Materialliste

- Arbeitsblatt *The chocolate cake thief investigation*
- Lösungen (siehe S. 26f.)
- Verbkarten

◎ Das bereiten Sie vor

- Fertigen Sie Kopien des Arbeitsblattes an (pro Schüler 1-mal).
- Kopieren Sie die Lösungen mehrfach und legen Sie sie auf dem Pult umgekehrt aus.
- Erstellen Sie Verbkarten für die unregelmäßigen Verben wie folgt: Nehmen Sie jeweils eine Karteikarte. Schreiben Sie auf die eine Seite alle drei Verbformen. Notieren Sie auf der Rückseite die deutsche Übersetzung des Infinitivs.
Beispiel: **Seite A:** go – went – gone,
Seite B: gehen, fahren

◎ Stundenverlauf

Einstieg (ca. 5 Minuten)

Schreiben Sie vor dem Unterricht die folgenden Verben im Präsens an die Tafel: *(to) bring, (to) meet, (to) eat, (to) drink*. Verdecken Sie diese Wörter zunächst.

Stellen Sie den Schülern zu Stundenbeginn die Frage: *What do you need for a good party?*
Sie werden z. B. *music, drinks* und *nice guests* nennen.

Klappen Sie anschließend die Tafel auf. Die Schüler sollen sich an ihre letzte Party erinnern und ihrem Nachbarn davon unter Verwendung dieser Verben im *simple past* berichten. Klären Sie deshalb vor der Redephase, was die *Simple-past*-Formen sind *(brought, met, ate, drank)*. Leiten Sie nach der Redephase (ca. zwei Minuten) mit der folgenden Geschichte auf die erste Arbeitsphase über (siehe auch verkürzte Version auf der Kopiervorlage):

Last week, class 7b wanted to have a great party at school, too. They had everything that they needed: music, drinks and really nice people. But one thing was missing: The chocolate cake that their teacher had prepared and put into the fridge in the school kitchen. When Jonathan wanted to fetch it, it was gone. As you can imagine, all the pupils were really sad and angry. Jonathan was so angry that he started an investigation to find the thief. He asked several pupils: What did you do after school yesterday?
Let's see how the different pupils answered his question. Let's find the chocolate cake thief together.

Arbeitsphase (ca. 20 Minuten + 15 Minuten)

Die nächste Phase dient der Übung der unregelmäßigen Verben. Händigen Sie jedem Schüler das Arbeitsblatt *The chocolate cake thief investigation* aus. Die Schüler arbeiten nun in Einzelarbeit: Sie tragen die Verben auf dem Arbeitsblatt im *simple past* ein und kontrollieren ihr Ergebnis dann am Pult mit der Lösung.

Für ganz Schnelle steht am Ende die *Turboworkers*-Aufgabe: Sobald ein Schüler alle Aussagen bearbeitet und die Lösungen kontrolliert hat, steht er auf und wartet an der Tafel auf einen weiteren Schüler, der fertig ist. Gemeinsam sprechen sie nun über die Fragen auf dem Arbeitsblatt.

Beenden Sie die Arbeitsphase, wenn alle Schüler sämtliche Aussagen bearbeitet haben.

Nun sollte im Plenum die Frage geklärt werden, wer der Schokoladenkuchendieb ist: Dave hat den Kuchen gegessen. Er kam zu spät zum Fußballspiel und im Bus zurück nach Hause war ihm schlecht.

Leiten Sie dann auf den zweiten Teil der Arbeitsphase über: *As you probably noticed, you've just practised the simple past form of the irregular verbs. Now, let's practise the participle form.*

Geben Sie jedem Schüler eine Verbkarte und schreiben Sie den Satzanfang *Mary/Peter went to the party after she/he had ...* (+ 3rd form) an die Tafel.

In der ersten Runde arbeiten die Schüler mit ihrem Nachbarn. Partner A zeigt Partner B seine Karte so, dass dieser das deutsche Wort sieht. Partner B nennt die drei englischen Formen, Partner A korrigiert, wenn nötig.

Unter Verwendung des an der Tafel stehenden Satzanfangs und der dritten Verbform denkt Partner B sich nun einen Satz aus. Beispiel: Das Verb lautet *(to) drink*. ➡ *Mary went to the party after she had drunk a big glass of milk at home.*

Wenn beide Partner an der Reihe waren, tauschen sie die Karten aus. Sie stehen auf, warten, bis ein anderes 2er-Team fertig ist, und gehen auf die entsprechenden Schüler zu, um so neue 2er-Teams zu bilden.

Abschluss (ca. 5 Minuten)

Stellen Sie abschließend die Frage *When did the pupils go to the party?* an das Plenum. Die Schüler beenden nun den Satzanfang *Mary/Peter went to the party after she/he had ...* mit dem Verb, dessen Karte sie gerade in der Hand halten.

The chocolate cake thief investigation (1/2)

Last week, class 7b wanted to have a party at school. They had everything that they needed: music, drinks and nice people. But one thing was missing: The chocolate cake! When Jonathan wanted to fetch it from the fridge in the school kitchen, it was gone. Jonathan started an investigation to find the thief.
Let's see how the different pupils answered his question.

1. Fill in the verbs in the simple past.

2. Go to your teacher's desk. Take the sheet with the solutions and check if your answers are correct. Correct wrong answers on your sheet.

Jonathan: What .... (do) you do after school yesterday?

Jack: I .... (go) to the football field right away.

We .... (begin) to play ten minutes too late.

Dave had missed the bus, so he .... (come) late.

It .... (be) a great game. In the break,

Tom .... (leave) and .... (buy) something

to drink in the supermarket. After the game,

James and I .... (have) a picnic in the park.

We .... (eat) a sandwich and chocolate.

Debbie: I .... (have) guitar lessons yesterday, and

I really .... (enjoy) it. My friend Sally

.... (sing) to my melody. Later, I .... (take)

the bus home with Dave after his football training. The poor

boy .... (feel) very sick, so we

.... (not joke) around as much as

we normally do. Dave's brother .... (ride) the bus

home with us.

The chocolate cake thief investigation (2/2)

Meggy: I act in the school theatre play, and we .... (practise) yesterday. In the break, I .... (go) to the supermarket where I .... (meet) Tom. He .... (tell) me about your party. He .... (know) about it because his sister is in your class. He .... (say) his sister had prepared a tasty salad.

Simon: I .... (practise) basketball with my team yesterday. It .... (be) a great game – until Jacob .... (fall) and .... (hurt) his knee really badly. I .... (run) to the school kitchen to get a plaster for him. However, at first I .... (not can) open the door of the kitchen. When I .... (try) it a second time, it suddenly .... (open). And it .... (be) so cold in the kitchen! I .... (shut) the window that somebody had left open before I .... (get) the plaster.

3. <u>For turboworkers:</u> Have you finished the exercise and checked the solutions?
   Are there other pupils who are still working?
   Go to the board and wait for another pupil to join you.
   Talk with your partner about the following questions:
   - What do you think: Who stole the chocolate cake? (Read the answers of the pupils again carefully. Finding the chocolate cake thief is a bit tricky!)
   - Do you like going to parties? Why (not)?
   - Imagine you could throw a party next weekend. Where would you celebrate? Which kind of music would you play? What would you and your guests eat and drink?
   - What's most important when you want to have a good party: good food, great music or nice people?

The chocolate cake thief investigation (1/2)

Last week, class 7b wanted to have a party at school. They had everything that they needed: music, drinks and nice people. But one thing was missing: The chocolate cake! When Jonathan wanted to fetch it from the fridge in the school kitchen, it was gone. Jonathan started an investigation to find the thief.
Let's see how the different pupils answered his question.

1. Fill in the verbs in the simple past.

2. Go to your teacher's desk. Take the sheet with the solutions and check if your answers are correct. Correct wrong answers on your sheet.

Jonathan: What ...*did*... (do) you do after school yesterday?

Jack: I ...*went*... (go) to the football field right away. We ...*began*... (begin) to play ten minutes too late. Dave had missed the bus, so he ...*came*... (come) late. It ...*was*... (be) a great game. In the break, Tom ...*left*... (leave) and ...*bought*... (buy) something to drink in the supermarket. After the game, James and I ...*had*... (have) a picnic in the park. We ...*ate*... (eat) a sandwich and chocolate.

Debbie: I ...*had*... (have) guitar lessons yesterday, and I really ...*enjoyed*... (enjoy) it. My friend Sally ...*sang*... (sing) to my melody. Later, I ...*took*... (take) the bus home with Dave after his football training. The poor boy ...*felt*... (feel) very sick, so we ...*didn't joke*... (not joke) around as much as we normally do. Dave's brother ...*rode*... (ride) the bus home with us.

The chocolate cake thief investigation (2/2)

Meggy: I act in the school theatre play, and we _practised_ (practise) yesterday. In the break, I _went_ (go) to the supermarket where I _met_ (meet) Tom. He _told_ (tell) me about your party. He _knew_ (know) about it because his sister is in your class. He _said_ (say) his sister had prepared a tasty salad.

Simon: I _practised_ (practise) basketball with my team yesterday. It _was_ (be) a great game – until Jacob _fell_ (fall) and _hurt_ (hurt) his knee really badly. I _ran_ (run) to the school kitchen to get a plaster for him. However, at first I _couldn't open_ (not can) open the door of the kitchen. When I _tried_ (try) it a second time, it suddenly _opened_ (open). And it _was_ (be) so cold in the kitchen! I _shut_ (shut) the window that somebody had left open before I _got_ (get) the plaster.

3. **For turboworkers:** Have you finished the exercise and checked the solutions?
   Are there other pupils who are still working?
   Go to the board and wait for another pupil to join you.
   Talk with your partner about the following questions:
   - What do you think: Who stole the chocolate cake? (Read the answers of the pupils again carefully. Finding the chocolate cake thief is a bit tricky!)
   - Do you like going to parties? Why (not)?
   - Imagine you could throw a party next weekend. Where would you celebrate? Which kind of music would you play? What would you and your guests eat and drink?
   - What's most important when you want to have a good party: good food, great music or nice people?

Fit and Fun!

Darum geht's

In diesen 45 Minuten geht es nicht nur darum, das Sportvokabular der Schüler zu festigen bzw. zu erweitern, sondern es wird auch tatsächlich gemeinsam Sport getrieben.
Nachdem das Sportvokabular an der Tafel festgehalten worden ist, versetzen sich die Schüler in die Lage eines berühmten Sportlers. In Interviews geben sie dann Auskunft über ihre Trainingsgewohnheiten. Die Mitschüler raten, mit welchem Sportler sie es hier zu tun haben. Den letzten Teil der Stunde bildet das Festigen der Vokabeln gekoppelt an Übungen aus dem Sportunterricht. Voraussetzung für diese Stunde ist, dass die Schüler bereits Vokabular zum Thema *sport* gelernt haben.

Kompetenzerwartungen

Die Schüler
- wiederholen, festigen und erweitern ihr Vokabular zum Thema *sport*.
- trainieren die mündliche Kommunikation.

Materialliste

- 3 Wörterbücher (deutsch-englisch)
- Lied aus den aktuellen Charts mit geeignetem Rhythmus (darf nicht zu langsam sein, geeignet ist z. B. *Gangnam Style*), Abspielmöglichkeit
- Glocke

◎ Das bereiten Sie vor

- Probieren Sie aus, ob sich der Rhythmus des von Ihnen gewählten Liedes für die Sportübungen eignet.
- Direkt vor der Schulstunde: Klappen Sie die Tafel zu und schreiben Sie unter der Überschrift *Sports champion* die folgenden Fragen auf einen der beiden Flügel:
  - ☐ *What do you need to practise?*
  - ☐ *Where do you practise?*
  - ☐ *How often do you practise?*
  - ☐ *Do you practise in a team or alone? What are the names of your team members?*
  - ☐ *Why do you like your sport so much?*
  - ☐ *Are you a real person?*

Klappen Sie dann beide Tafelhälften auf, sodass die Schüler die Fragen nicht sehen können.

◎ Stundenverlauf

Einstieg (ca. 5 Minuten)

Den Einstieg bildet eine Blitzlichtabfrage zum Thema *kinds of sport* (z. B. *basketball, tennis*). Sammeln Sie Assoziationen und notieren Sie die von den Schülern genannten Wörter an der Tafel in einer Mindmap.

Arbeitsphase (ca. 15 Minuten + 7 Minuten + 8 Minuten)

Im Anschluss sammeln die Schüler zunächst in Einzel- oder Partnerarbeit Wörter zu den Themen *Things you need to practise* (z. B. *ball, goal, racket*) und *Where you practise* (z. B. *gym, football field, pool*). Diese notieren sie in Form von weiteren Mindmaps in ihrem Heft. Hierbei können sie das Glossar im Schulbuch zu Hilfe nehmen. Richten Sie an einer Stelle im Klassenraum auch einen *help desk* ein, auf dem Sie die Wörterbücher auslegen. Beim Nachschlagen unbekannter Wörter sollten Sie die Schüler unterstützen, da sie sonst das erstbeste englische Wort nehmen, was aber oft nicht die hier passende Vokabel ist. Sammeln Sie dann die von den Schülern gefundenen Vokabeln in Form weiterer Mindmaps an der Tafel; die Schüler vervollständigen ihre Mindmaps im Heft.
Nun werden die Vokabeln angewendet: Jeder Schüler versetzt sich in die Lage eines berühmten Sportlers (bzw. überlegt sich einen berühmten Sportler). Klappen Sie die Tafelhälfte mit den Fragen für den *Sports champion* um, damit die Schüler sie sehen können. Diese überlegen nun, wie sie die Fragen aus Sicht des Sportlers, den sie vertreten, beantworten würden, und notieren sich dazu Stichpunkte.

Sports and leisure | Fit and Fun! | Lehrerhinweise

Im folgenden Schritt interviewen sich die Schüler gegenseitig nach der *Talk-Change-Talk*-Methode (siehe Vorwort S. 5).

Leiten Sie nach ca. acht Minuten mit den folgenden Worten auf die Abschlussphase über: *We've talked a lot about sport already. But I think we can't have a lesson about sport without practising ourselves – especially since studies have shown that you learn much better when you move.[1] Let's check if this is true.*

Abschluss (ca. 10 Minuten)

Jetzt wird es sportlich. Bitten Sie die Schüler, aufzustehen, ihren Stuhl an den Tisch zu schieben und sich dahinterzustellen. Schalten Sie nun die Musik an, machen Sie die erste Sportübung vor und ermuntern Sie die Schüler, mitzumachen. Halten Sie ca. 30 Sekunden durch und stoppen Sie die Musik dann.
Nun arbeiten die Schüler in 2er-Teams: Partner A sieht die Mindmaps an der Tafel, Partner B wendet sich in die entgegengesetzte Richtung. Partner A erklärt Partner B nun Sportvokabeln seiner Wahl, Partner B muss sie erraten. Klingeln Sie dann mit der Glocke und lassen Sie die Schüler die Rollen tauschen.
Klingeln Sie erneut, lassen Sie die Schüler die Plätze tauschen und sich hinter einen anderen Stuhl stellen. Machen Sie die Musik erst wieder an, wenn jeder Schüler hinter einem Stuhl steht. Wenn die Musik läuft, machen Sie die nächste Übung vor. Bewegen Sie sich insgesamt wieder ca. 30 Sekunden mit den Schülern, bevor Sie erneut stoppen, damit die Schüler nun einem (durch den Platzwechsel zwangsläufig) neuen Partner Vokabeln erklären können. Wiederholen Sie dies ca. 3-mal.

Als Sportübungen bietet sich Folgendes an:
1. Auf der Stelle hüpfen, dann vor und zurück, dann seitlich.
2. Auf der Stelle hüpfen, Knie vor dem Körper hochziehen, die Arme hoch und runter.
3. Auf der Stelle hüpfen, Beine auseinander und wieder zusammen, Arme nach vorn und dann wieder zurück zum Körper.

Achten Sie darauf, dass die Schüler ihre Arme nur nach oben bewegen, nicht seitlich. Sonst kommen sie ihrem Nachbarn in die Quere.

Nur Mut bei der Durchführung – und viel Spaß!

[1] Nach: Beigel, D.: Beweg dich, Schule! Eine „Prise Bewegung" im täglichen Unterricht der Klassen 1–10. Borgmann Media: Dortmund, 2005, S. 29.

Obama usually dances on the moon after dinner

Darum geht's

In dieser Stunde geht es inhaltlich um Freizeitaktivitäten und sprachlich um die Wiederholung des Satzbaus im Englischen. Schritt für Schritt werden die Regeln zum Satzbau im Englischen eingeführt bzw. wiederholt. Am Ende liegt es an den Schülern, möglichst kreative Sätze aus den einzelnen Satzbausteinen zu basteln.

Kompetenzerwartungen

Die Schüler

- wiederholen die Regeln zum Satzbau (inklusive der Stellung der *adverbs of frequency*).
- trainieren die mündliche Kommunikation.

Materialliste

- bunte Kreide (z. B. grün, gelb, blau, rot, orange, weiß)
- Karteikarten in fünf verschiedenen Farben (z. B. grün, gelb, blau, rot, orange, weiß)
- weiße Karten mit Zeitangaben
- Objekt-Karte
- S!-Karte (für das *he/she/it-s*)
- Glocke

Das bereiten Sie vor

- Bereiten Sie einen Stapel weißer Karten mit den folgenden Zeitangaben vor (eine Zeitangabe pro Karte): *on the weekend, on Mondays, at Christmas, at midnight, in the morning, in the afternoon, in the evening, every day, on his/her birthday, after dinner*
- Bereiten Sie für jeden Gruppentisch je eine Karte mit der Aufschrift „Object" und eine Karte mit der Aufschrift „S!" vor.
- Direkt vor der Stunde: Stellen Sie die Tische zu 4er-Gruppentischen. An diesen wird in der Folge gearbeitet.

Stundenverlauf

Einstieg (ca. 7 Minuten)

Orientieren Sie sich an dem Tafelbild auf S. 33 und erstellen Sie ein analoges Bild. Im Laufe des Einstiegs erstellen Sie die linke Spalte und die obere Hälfte der mittleren Spalte.
Den Einstieg bildet eine Blitzlichtabfrage zum Thema *free time activities* (z. B. *meet friends*). Notieren Sie die von den Schülern genannten Aktivitäten an der Tafel in einer Mindmap. Sammeln Sie im Anschluss mit den Schülern die *adverbs of frequency* an der Tafel. Wenn Sie eines der adverbs of frequency nennen, werden die Schüler die anderen hinzufügen.
Ordnen Sie die *adverbs* nach dem Grad der Häufigkeit. Schreiben Sie dann die Frage *How often do you ... on the weekend?* darüber und fügen Sie einen Beispielsatz für die Schüler hinzu: *I always meet friends on the weekend.*

Arbeitsphase (ca. 35 Minuten)

Nun geht es an das Üben dieses Satzbaus. Dafür interviewen sich die Schüler gegenseitig nach der *Talk-Change-Talk*-Methode (siehe Vorwort S. 5). Sie stellen einander die Frage *How often do you ... on the weekend?* Die Lücke füllen sie mit den zu Beginn der Stunde gesammelten *free time activities*, z. B.: *How often do you meet friends on the weekend?* Der Partner antwortet unter Verwendung der *adverbs of frequency* und orientiert sich dabei am Tafelbild (z. B. *I often meet friends on the weekend*).
Hören Sie einzelnen Paaren zunächst zu und verbessern Sie sie ggf. Schreiben Sie dann, während die Schüler einander weiterhin interviewen, *I'm bored/happy/tired ...* und den Beispielsatz analog zum Tafelbild an die rechte Tafelhälfte. Beenden Sie die Interviewphase durch ein Klingeln mit der Glocke. Wenn alle Schüler wieder an ihrem Platz sitzen, lassen Sie sie eine Regel zur Stellung der *adverbs of frequency* aufstellen und halten Sie sie an der Tafel fest (siehe Tafelbild). Bilden Sie dann mithilfe Ihrer soeben erstellten *I'm*-Mindmap auf der rechten Tafelhälfte laut Beispielsätze *(I'm always tired in the morning.*

Sports and leisure | Obama usually dances on the moon after dinner | Lehrerhinweise

I'm usually hungry when I come home from school). Lassen Sie die Schüler anhand dieser Beispielsätze eine Regel für die Stellung der *adverbs of frequency* nach einer Form von *(to) be* formulieren und halten Sie diese ebenfalls, analog zum Tafelbild auf S. 33, an der Tafel fest. Nun formulieren die Schüler abwechselnd mit ihrem Sitznachbarn Sätze nach dem gleichen Schema: *I'm + adverb of frequency + adjective + when ...* Hören Sie einzelnen Schülern zunächst zu und verbessern Sie sie ggf. Schreiben Sie dann, während die Schüler einander weiterhin interviewen, den folgenden Beispielsatz an die Tafel: *I've never been to New York* (siehe Tafelbild).
Beenden Sie die Redephase durch ein Klingeln mit der Glocke. Lesen Sie den Schülern Ihren Beispielsatz vor und lassen Sie sie eine Regel zur Stellung der *adverbs or frequency* bei zusammengesetzten Zeiten finden. Halten Sie sie dann an der Tafel fest (siehe Tafelbild).
Führen Sie die letzte Regel *(place before time)* anhand des Beispielsatzes *I usually meet friends in a café on the weekend* ein. Lassen Sie die Schüler zunächst die einzelnen Satzteile auf ihre grammatikalische Funktion hin analysieren. Benutzen Sie zur Verdeutlichung bunte Kreide (z. B. grün für das Subjekt, gelb für das *adverb of frequency*, blau für das Verb, rot für das Objekt, orange für die Ortsangabe und weiß für die Zeitangabe). Lassen Sie die Schüler dann die Regel für die Reihenfolge von Orts- und Zeitangaben formulieren. Halten Sie diese Regel ebenfalls an der Tafel fest (siehe Tafelbild).
Lassen Sie die Schüler nun unter der Überschrift *word order* alle Beispielsätze und die dazugehörigen Regeln abschreiben, bevor der kreative Teil der Stunde beginnt.

Erfahrungsgemäß schreiben die Schüler sehr unterschiedlich schnell von der Tafel ab. Lassen Sie die besonders schnellen Schüler, die *Turboworkers*, je nach Leistungsstand die Karten für die folgende Phase erstellen. Pro Karte sollen die Schüler einen bestimmten Satzteil notieren und dabei möglichst kreativ sein. Machen Sie den Schülern die Kreativität anhand der Beispiele deutlich. Es werden sehr viele Karten gebraucht, sodass Sie auch mehreren Schülern Karten einer Farbe geben können:
- grüne Karten für Subjekte, z. B. *My mother, Obama, our English teacher* (für leistungsschwächere Schüler)
- gelbe Karten für *adverbs of frequency* (siehe Tafel, für leistungsschwache Schüler)
- blaue Karten für Verben, z. B. *fly, hide, sing* (für leistungsschwächere Schüler)
- orange Karten für Ortsangaben, z. B. *behind the curtain, in a bottle* (für leistungsstärkere Schüler).
- weiße Karten für Zeitangaben (lassen Sie die Schüler das von Ihnen vorbereitete Kartenset mehrmals abschreiben, leistungsschwache Schüler)

Wichtig ist, dass die Kartenfarben mit den Kreidefarben übereinstimmen, die Sie bei der grammatischen Analyse der einzelnen Satzteile verwendet haben.
Sammeln Sie die Karten ein, wenn alle Schüler die Regeln abgeschrieben haben, und lassen Sie die Schüler die Gruppentische von ihren Unterrichtsmaterialien freiräumen. Verteilen Sie die Karten so auf den Tischen, dass jeder Tisch in etwa gleich viele Subjekt-, Adverb-, Verb-, Ort- und Zeitkarten hat. Geben Sie jedem Tisch zusätzlich eine Objekt- und eine S!-Karte.
Nun legen die Schüler die Karten so auf den Tisch, dass zu Beginn alle Subjektkarten liegen, rechts daneben alle Adverbkarten, daneben alle Verbkarten, daneben die Objektkarte usw. Beispiel:

Homer Simpson	always	read	(object)	in the bus	after dinner
My grandma	usually	sleep		in the bathroom	at Christmas
Obama	often	dance		on the moon	every morning
		S!			

| 30 x 45 Minuten | Englisch | 31

Nun bilden die Schüler in ihren 4er-Gruppen nacheinander mündlich möglichst lustige Sätze, bei denen sie die Satzteile frei kombinieren können, z.B. *Obama usually dances on the moon after dinner.* Wenn ein Verb ein Objekt erfordert (z.B. das Verb *(to) read*), denken sich die Schüler ein Objekt aus (z.B. *a book*). Weisen Sie die Schüler darauf hin, das *he/she/it-s* am Verb nicht zu vergessen. Die S!-Karte dient dafür zudem als Erinnerung.

Klingeln Sie nach ca. fünf Minuten mit der Glocke. Nun gehen die Schüler im Uhrzeigersinn zum nächsten Gruppentisch und bilden Sätze mit den hier liegenden Satzteilen. Wiederholen Sie dies so oft wie zeitlich möglich.

Abschluss (ca. 3 Minuten)

Am Ende der Stunde sollte jede Gruppe die Möglichkeit bekommen, im Plenum einen lustigen Satz zu nennen.

Sports and leisure | Stundenüberschrift | Lehrerhinweise

Tafelbild:

meet friends watch TV play football listen to music	read a book go shopping play games go for a walk
(free time activities)	

How often do you ...
on the weekend?

I never meet friends on the
rarely weekend
sometimes
often
usually
always

=> Adverbs of frequency
stehen vor dem Verb.

I've never been to New York.
=> Bei zusammengesetzten Zeiten stehen
adverbs of frequency nach dem Hilfsverb.

I usually meet friends in a café at the weekend.
S adv. verb objekt place time

=> Place before time!

happy   bored   tired
         (I'm)
sad   hungry   nervous

I'm always tired in the morning. => Adverbs of frequency stehen nach einer Form von (to) be.

| 30 x 45 Minuten | Englisch | 33

Family life

Klasse 7

What a family!

Darum geht's

In dieser Stunde geht es inhaltlich um die Familie der Schüler. Der sprachliche Fokus liegt auf den *want*-Konstruktionen.

Als Einstieg lesen die Schüler einen Forumseintrag von Ben, der sich über die hohen Erwartungen seiner Lehrer und Eltern beschwert. Die meisten Schüler werden diese Probleme kennen und können sich nun unter Verwendung von *want*-Konstruktionen über die Erwartungen ihrer eigenen Familienmitglieder austauschen.

Ben sucht jemanden, der mit ihm für zwei Wochen die Familie tauscht. Die Schüler können sich einen Tausch vorstellen und schreiben Ben eine entsprechende Antwort. Natürlich müssen sie darin ihre Familie vorstellen, die Erwartungen der einzelnen Familienmitglieder an Ben nennen, aber auch die eigenen Erwartungen an ihn formulieren.

Kompetenzerwartungen

Die Schüler

- wiederholen und festigen die *want*-Konstruktionen.
- trainieren die mündliche und schriftliche Kommunikation.

Materialliste

Kopien sowie eine Folie des Arbeitsblattes *What a family!*

Das bereiten Sie vor

- Kopieren Sie das Arbeitsblatt pro Schüler 1-mal.
- Ziehen Sie die Vorlage außerdem 1-mal auf Folie.

Stundenverlauf

Einstieg (ca. 5 Minuten)

Projizieren Sie Bens Forumseintrag an die Wand. Verdecken Sie den letzten Absatz ab *And do you know what I …* zunächst.
Lesen Sie den Forumseintrag gemeinsam mit den Schülern bis *with her homework*.
Stellen Sie den Schülern dann die folgende Frage: *Do you know this situation? Everybody wants you to do something.* Leiten Sie damit auf den ersten Teil der Arbeitsphase über.

Arbeitsphase (ca. 5 Minuten + 5 Minuten + 5 Minuten + 17 Minuten)

Schreiben Sie den Satzbeginn *My mother/father/brother/sister wants me to …* an die Tafel und lassen Sie ihn von den Schülern zunächst im Plenum vervollständigen. Klären Sie dann die Wortstellung bei *want*-Konstruktionen anhand von Beispielsätzen an der Tafel:

My mother	wants	me	to clean	my room.
My mother	doesn't want	me	to play	computer games.
Subject	want(s)/doesn't want	Object	to + verb	(X).

Lassen Sie die Schüler anschließend in ihrem Heft Schaubilder anfertigen. Oben steht jeweils *My mother/My father/My brother/My sister … wants me to … /doesn't want me to …*
Darunter sollen die Schüler die Erwartungen der Eltern bzw. Geschwister notieren.
Dies könnte folgendermaßen aussehen:

> *My mother*
> wants me to …
> clean my room
> help my brother with his homework
> doesn't want me to …
> play computer games too often

Im Folgenden berichten die Schüler einander gegenseitig mithilfe ihrer Schaubilder im Heft von den Erwartungen ihrer Familienmitglieder nach der *Talk-Change-Talk*-Methode (siehe Vorwort S. 5).

Leiten Sie nach ca. fünf Minuten Austausch mit dem Satz *Let's go back to Ben* auf den Forumseintrag zurück. Lassen Sie einen Schüler diesen noch einmal vorlesen – dieses Mal komplett. Teilen Sie die Arbeitsblätter aus.
Animieren Sie die Schüler, mit Ben für zwei Wochen die Familie zu tauschen. Dafür muss Ben natürlich wissen, was ihn erwartet. In einer Antwort an Ben stellen die Schüler kurz ihre Familie und die Erwartungen der einzelnen Familienmitglieder vor, bevor sie dann ihre eigenen Erwartungen an Ben formulieren. Hier sollen sie Kreativität zeigen. Beispielsätze können sie dazu ermuntern: *Ben, I want you to hide my chocolate from my brother. However, I don't want you to use my favourite boxer shorts. They're brand new!*

Abschluss (ca. 8 Minuten)

Den Abschluss bildet die Präsentation der Antworten.

What a family!

◎ Ben's forum entry

www.shareyourtroubles.co.uk

| New topic | **SHARE YOUR TROUBLES!** | FAQ | Log in | search |

author: ben
12.01.2014

Hello everybody,

I really have a serious problem! You can't imagine how bad I am at German. My teacher wants me to study the vocabulary more often, and he wants me to practise reading every day. My parents want me to get better grades. Also, my mother doesn't want me to play computer games so often, and my sister wants me to help her with her homework. And do you know what I want? I wish I could swap families with somebody!

Ben

answer:

SEND

Write Ben an answer:

1. Briefly introduce your family (age? job?).

2. Write him what your family members want you to do.

3. Write him what you want him to do in your family and what you don't want him to do.

Do not forget to use a nickname because everyone can see what's on the internet.
Continue your answer on the back of this sheet if you need more space.

Welcome, summer holidays!

Darum geht's

Diese Stunde ist eine Einstimmung auf die Sommerferien.
Nachdem die Schüler gemeinsam Vokabular zum Thema *summer holidays* gesammelt haben, tauschen sie sich mithilfe verschiedener Postkarten darüber aus, wo sie gern mit ihrer Familie Urlaub machen würden und warum. In ihrer Fantasie reisen sie dann tatsächlich an einen dieser Orte und schreiben eine Postkarte an ihren britischen Brieffreund.

Kompetenzerwartungen

Die Schüler
- wiederholen, festigen und erweitern ihr Vokabular zum Thema *summer holidays*.
- üben die Verwendung des *gerunds* nach Verben, die Vorliebe bzw. Abneigung ausdrücken.
- trainieren die mündliche und schriftliche Kommunikation.

Materialliste

- so viele Postkarten oder postkartenähnliche Bilder wie Schüler mit möglichst unterschiedlichen Motiven (ausgeschlossen sind lediglich typische Wintermotive, wie z. B. Skigebiete)
- *Cheat Sheet* (siehe S. 7f.)

◎ Das bereiten Sie vor

Die Schüler brauchen ihr *Cheat Sheet*.

◎ Stundenverlauf

Einstieg (ca. 5 Minuten + 5 Minuten + 5 Minuten)

Den Einstieg bildet ein Brainstorming zum Thema summer holidays. Schreiben Sie als Unterstützung die folgende Mindmap an die Tafel:

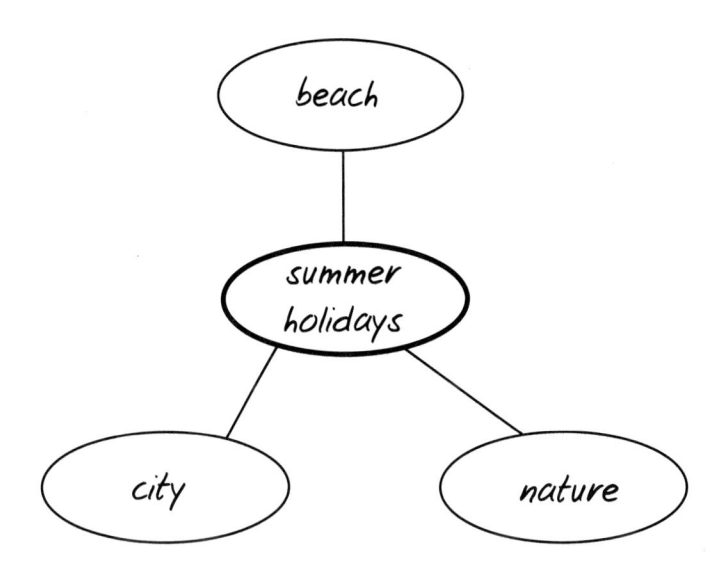

Mindmap: summer holidays verbunden mit beach, city, nature

Lassen Sie die Schüler zunächst im Plenum Vokabeln nennen, die ihnen zu den einzelnen drei Teilbereichen *beach*, *city* und *nature* einfallen (z. B. *ocean, go swimming – sightseeing tour, go shopping – take pictures, hiking*) und notieren Sie diese Dinge an der Tafel. Die Schüler sollen die wachsende Mindmap gleichzeitig in ihr Heft übertragen.

Verteilen Sie dann die Postkarten auf den Schülertischen. Dabei sollten immer zwei möglichst verschiedene Postkarten nebeneinanderliegen. Nun stehen die Schüler mit Heft und Stift in der Hand auf und gehen herum, um sich die Postkarten anzusehen. Inspiriert durch die Bilder, sollen sie die Mindmap in ihrem Heft erweitern. Schreiben Sie während dieser Phase die folgenden Satzanfänge auf einen der beiden Tafelflügel:
I would like to go to this place because I like/love/enjoy … (+ -ing)
I wouldn't like to go to this place because I don't like/hate/can't stand … (+ -ing)

Family life | Welcome, summer holidays! | Lehrerhinweise

Nach ca. fünf Minuten folgt eine weitere Plenumsphase, in der die Schüler die von ihnen gesammelten Vokabeln nennen und Sie die Mindmap an der Tafel bzw. die Schüler die in ihren Heften um diese Vokabeln erweitern. Leiten Sie wie folgt auf die nächste Phase über: *Now that you know lots of words to talk about your summer holidays, let's talk about going to different places in our summer holidays.*

Arbeitsphase (ca. 10 Minuten + 13 Minuten)

Nun kommen die von Ihnen an die Tafel geschriebenen Satzanfänge ins Spiel und die gemeinsam gesammelten Vokabeln werden angewendet: Die Schüler sehen sich die noch auf den Tischen liegenden Postkartenpaare in 2er-Teams an. Zu zweit diskutieren sie, an welchem dieser beiden Orte sie lieber Urlaub machen würden und warum. Dabei verwenden sie die von Ihnen an der Tafel notierten Satzanfänge.
Geben Sie ihnen zunächst ein Beispiel, vor allem, um die Verwendung des Gerundiums zu verdeutlichen. Zeigen Sie eine Postkarte mit einer Großstadt und eine Karte mit viel Natur. Ein Beispiel könnte lauten: *I would like to go to this place* (Großstadt) *because I love going shopping, and I enjoy visiting museums. However, I wouldn't like to go to this place* (Natur) *because I hate hiking.*

Bitten Sie die Schüler nach ca. zehn Minuten, sich eine Postkarte zu nehmen, die ihnen gefällt, und leiten Sie auf die anschließende Phase über: *Having talked about these places, imagine you're really there, now.*
Nun sollen die Schüler sich vorstellen, an dem Ort mit ihrer Familie Urlaub zu machen, dessen Postkarte sie sich ausgesucht haben. Sie schreiben in ihr Heft eine „Postkarte" an ihren britischen Brieffreund. Dabei können sie sich inhaltlich auf das auf der Postkarte gezeigte Bild beziehen und die in der Einstiegsphase gesammelten Vokabeln anwenden. Sprachliche Hilfe bieten ihnen auch die Redemittel auf dem *Cheat Sheet* (➔ *Writing an email, writing about events*).

Abschluss (ca. 7 Minuten)

Bitten Sie die Schüler im Anschluss an die Arbeitsphase, kurz ihre Augen zu schließen, damit Sie die Postkarten einsammeln und danach wieder so austeilen können, dass möglichst kein Schüler die von ihm verwendete Postkarte noch einmal bekommt. Nun präsentiert ein Schüler seinen Text, während alle anderen Schüler zuhören und herausfinden müssen, ob sie die zum Text gehörige Karte in der Hand halten. Das können Sie wiederholt stattfinden lassen.

Family life | Merry Christmas! | Lehrerhinweise

Merry Christmas!

Darum geht's

In dieser Stunde dreht sich alles um Weihnachten. Nach einem Brainstorming zum Thema *Christmas* arbeiten die Schüler an verschiedenen Stationen zu diesem Thema. Sie tauschen sich über Weihnachten in ihrer Familie aus, machen sich darüber Gedanken, wem sie besonders kreative Geschenke machen können, oder üben das im Brainstorming gesammelte Vokabular direkt auf motivierende Art und Weise. Den Abschluss der Stunde bildet das gemeinsame Singen des Liedes *Rudolph the red-nosed reindeer*.

Kompetenzerwartungen

Die Schüler
- wiederholen, festigen und erweitern ihr Vokabular zum Thema *Christmas*.
- trainieren die mündliche und schriftliche Kommunikation.

Materialliste

- Materialblätter *Merry Christmas!* (*Instructions* und *Material*)
- leere Karteikarten (Größe: DIN A8) für Station 3, *Crazy presents*
- *Cheat Sheet* (siehe S. 7f.)
- Lied *Rudolph the red-nosed reindeer*, Abspielmöglichkeit
- Folie mit dem Liedtext zu *Rudolph the red-nosed reindeer*

◎ Das bereiten Sie vor

- Kopieren Sie die Materialblätter *Merry Christmas!* 1-mal (Seite 1: *Instructions*) bzw. 2-mal (Seite 2: *Material*).
- Schneiden Sie die Karten bzw. die Arbeitsaufträge auseinander.
- Besorgen Sie Lied und Text zu *Rudolph the red-nosed reindeer*. Ziehen Sie ihn auf Folie.
- Die Schüler brauchen ihr *Cheat Sheet*.

◎ Stundenverlauf

Einstieg (ca. 5 Minuten + 5 Minuten)

Ein Brainstorming zum Thema *Christmas*: Geben Sie den Schülern fünf Minuten Zeit, um Wörter zu notieren bzw. nachzuschlagen. Sammeln Sie sie dann an der Tafel in einer Mindmap.

Arbeitsphase (ca. 30 Minuten)

Im Anschluss an das Brainstorming arbeiten die Schüler in 2er-Teams an verschiedenen Stationen zum Thema *Christmas*. Lassen Sie die Schüler dafür die Tische so verstellen, dass insgesamt sechs Gruppentische für die Stationen entstehen. Verteilen Sie die Materialien für die einzelnen Stationen und die dazugehörigen Arbeitsaufträge auf den Tischen. Legen Sie die Karteikarten zur Station *Crazy Presents*.

Abschluss (ca. 5 Minuten)

Den Abschluss der Stunde bildet das gemeinsame Singen des Liedes *Rudolph the red-nosed reindeer*. Projizieren Sie dazu den Liedtext per Overheadprojektor an die Wand.

| 30 x 45 Minuten | Englisch

Family life | **Merry Christmas!** | Material

Merry Christmas! (1/3)

◎ Instructions

Station 1: Christmas in my family

Partner A chooses a card, reads the question aloud and answers it.
Then, partner B answers the question and puts the card away.
Afterwards, partner B draws another card, reads the question aloud, and so on.
Go to the next station once both of you have talked about all the questions.

Station 2: Christmas sentences

Finish the Christmas sentences. Each pupil should finish each sentence once.

Station 3: Crazy presents

Take turns choosing a card. On each card you will find one funny present.
To which family member or friend would you give this present and why?
Talk about this question to your partner.
Example: *Present: A cook book whose pages smell like the meals on the photos.*
➜ *I would give the cook book to my mother. She loves cooking as well as just looking for new recipes in her cook books.*
Do you have other ideas for crazy presents? If you do, write the presents on the empty cue cards. Tell your partner: To which family member or friend would you give this present and why? Leave your cards on the table for the next team.

Station 4: Christmas problems

1. Partner A: Draw a card and read out your problem.
2. Partner B: Give your partner some advice: *If I were you, I would …*
3. Partner B: Draw a card …

Station 5: No Christmas?!?

Sally's parents don't want to celebrate Christmas this year. Sally is shocked. She has a heated discussion with her parents. Act this discussion out. Partner A is Sally, partner B is her mum or dad. Read your role card before the discussion. You may add arguments if you want.
Use your *Cheat Sheet* (➜ *Oral communication*) for help.

Station 6: Christmas words

a) Christmas taboo!
Partner A: Turn to the wall opposite the board. Try to guess the words partner B explains to you.
Partner B: Look at the board. Explain seven words from the mindmap to partner A.
Partner A has to guess these words. After this, change roles. Now, partner A has to explain seven words.

b) Back check
Partner A: Turn to the wall opposite the board. Try to guess the words partner B writes on your back with his finger.
Partner B: Choose a word from the board. Write it on your partner's back with a finger.
Partner A has to guess the word and form a sentence with it. After five words, change roles.

Merry Christmas! (2/3)

◎ Material

Station 1: Christmas in my family

Describe a typical Christmas day in your family.	What do you enjoy most about Christmas? Is there anything you don't like?	What's the best Christmas present that you've ever received?
Do you prefer Christmas or celebrating your birthday? Why?	Do you think it's more fun to make presents yourself or to buy them? Explain.	Do you find Christmas and the time before stressful? Why (not)?
Can you imagine celebrating Christmas at the beach? Why (not)?	Do you think that people spend too much money at Christmas?	Do you think Christmas is the best holiday of the year? Why (not)?

Station 2: Christmas sentences

- I like/don't like the time before Christmas because …
- I sometimes feel stressed around Christmas because …
- I (don't) enjoy Christmas markets because …
- My favourite food at Christmas is …
- The best thing about Christmas is …
- Christmas without presents would be …

Station 3: Crazy presents

running shoes which shout "Run faster, run faster" every three minutes	a school bag which packs itself	a picture of a beach which you can jump into every time it rains in Germany
an umbrella with which you can fly when you are late	a pen which does the English homework	a cookie jar which refills itself every time the last cookie has been eaten
a good smelling cream for your feet which automatically gives your feet a massage	a magazine which makes it possible for you to talk with the stars in the pictures	a robot which cleans your room while you are sleeping

Merry Christmas! (3/3)

Station 4: Christmas problems

My parents want to go to church every year, but I think this is so boring.	I always hide the presents for my family so well that I can't find them on Christmas Eve.	I need a present for my best friend, but I don't have that much money.
My brother always eats my Christmas cookies.	There's always so much good food around Christmas that I gain weight every year.	My parents want my brother and me to sing Christmas carols, but I can't sing.
I'd like to sleep late on the first day of Christmas, but my parents make me get up early so that we can leave to visit my aunt.	I'd like to visit friends at Christmas, but I'm not allowed to. My parents say Christmas is a time the family should spend together.	My grandpa doesn't like Christmas. He refuses to celebrate it with us, but it would be so much nicer if he was with us.
I'm not allowed to watch TV on Christmas, but the films on TV are so good around Christmas.	My parents want to listen to Christmas carols, but I think this "music" is awful. I'd love to listen to techno music instead.	My dad can't keep secrets so I often already know what my parents will give me long before Christmas.

Station 5: No Christmas?!?

Sally	Sally's mum/dad
You love Christmas. You enjoy buying and especially making presents for your friends and family members. You're looking forward to Christmas every year because you love decorating the Christmas tree with your parents, Christmas dinner in the evening, singing songs together and opening the presents together later. You think it's great to see how your parents like your presents, and of course you like receiving presents yourself, too.	You've decided not to celebrate Christmas this year because you think it's much too stressful. It takes you hours to find the right presents for everybody, and all in all it's very expensive. Also, you hate cooking – especially a big dinner like everybody expects it on Christmas. You think it would be much nicer to spend a normal evening with your family playing games together. Sally doesn't believe in Santa Claus anymore anyway.

Teenage life

Klasse 7 und 8

Friends in trouble

Darum geht's

Nach einer kurzen Blitzlichtabfrage zum Thema *feelings* lernen die Schüler mithilfe des entsprechenden Vokabulars, ihre Gefühle in verschiedenen Situationen auszudrücken und zu begründen. Im Folgenden geht es darum, für andere Menschen Mitgefühl zu zeigen, dies mithilfe von Redemitteln zu formulieren und auf eigenen Erfahrungen basierende Ratschläge zu geben.

Kompetenzerwartungen

Die Schüler
- trainieren die mündliche und schriftliche Kommunikation.
- wiederholen, festigen und erweitern ihr Vokabular zum Thema *feelings*.
- drücken mithilfe von Redemitteln ihr Mitgefühl aus und geben Ratschläge.

Materialliste

- Materialblatt *Friends in trouble (Feelings)*
- Materialblatt *Friends in trouble (Situation cards)*
- Folie *Friends in trouble (Megan's situation)*

Das bereiten Sie vor

- Fertigen Sie Kopien der folgenden Kopiervorlagen an:
- Materialblatt *Friends in trouble (Feelings)* pro Schüler 1-mal
- Materialblatt *Friends in trouble (Situation cards)* 1-mal
- Ziehen Sie die Vorlage *Megan's situation* auf Folie.
- Schneiden Sie die *situation cards* auseinander.
- Markieren Sie auf Ihrer eigenen Kopie des Materialblattes *Friends in trouble (Feelings)* die englischen Vokabeln, die den Schülern noch unbekannt sind und deren Aussprache für sie schwierig ist.

Stundenverlauf

Einstieg (ca. 2 Minuten)

Einen kurzen Einstieg bildet eine Blitzlichtabfrage zum Thema *feelings*, in der Sie die Schüler im Plenum die Vokabeln für Gefühle nennen lassen, die sie bereits kennen. Leiten Sie mit den Worten *You already know many words to express feelings, but there are a lot more* auf den ersten Teil der Arbeitsphase über.

Arbeitsphase (ca. 5 Minuten + 10 Minuten + 3 Minuten + 15 Minuten)

Teilen Sie den Schülern das Materialblatt *Friends in trouble (Feelings)* aus und geben Sie ihnen Zeit, die Vokabeln still durchzulesen. Üben Sie dann mit ihnen die Aussprache der Vokabeln, die Sie sich zuvor aufgrund ihrer schwierigen Aussprache markiert haben.

Im Folgenden geht es um die Anwendung der Vokabeln. Verteilen Sie dafür die *situation cards* auf den Schülertischen und Fensterbänken. Die Schüler arbeiten in 2er-Teams: Mit ihrem *Feelings*-Blatt in der Hand gehen sie zu einer *situation card*. Hier tauschen sie sich darüber aus, wie sie sich in einer solchen Situation fühlen würden und warum.
Steht auf der *situation card* beispielsweise *It is your birthday today,* könnten die Schüler sagen: *I feel very happy because I've received lots of presents, and I'll have a great party in the afternoon with my friends.*
Haben die Schüler über ihre Gefühle in einer bestimmten Situation gesprochen, gehen sie zur nächsten *situation card.*

Lassen Sie die Schüler ca. zehn Minuten miteinander sprechen, bevor Sie auf die nächste Phase überleiten: *You've probably realised that in most situations we feel similar. Most of us feel happy on our birthday, for example. And most of us feel nervous before an exam. When people are in a difficult situation, it often helps them to feel your empathy.*

Das Wort *empathy* sollte hier kurz erklärt werden.

Projizieren Sie nun die Folie mit *Megan's situation* mit dem Overheadprojektor an die Wand und lassen Sie ihren Forumseintrag von einem Schüler vorlesen. Aufgabe der Schüler ist es nun, Megan unter einem Nickname in Form eines Forenbeitrags zu antworten. Als sprachliche Hilfe stehen dafür die Redemittel *Expressing empathy and giving advice – Useful phrases* zur Verfügung. Für das Verfassen der Antwort haben die Schüler ca. 15 Minuten Zeit.

Abschluss (ca. 10 Minuten)

Den Abschluss der Stunde bildet die Präsentation der Antworten.

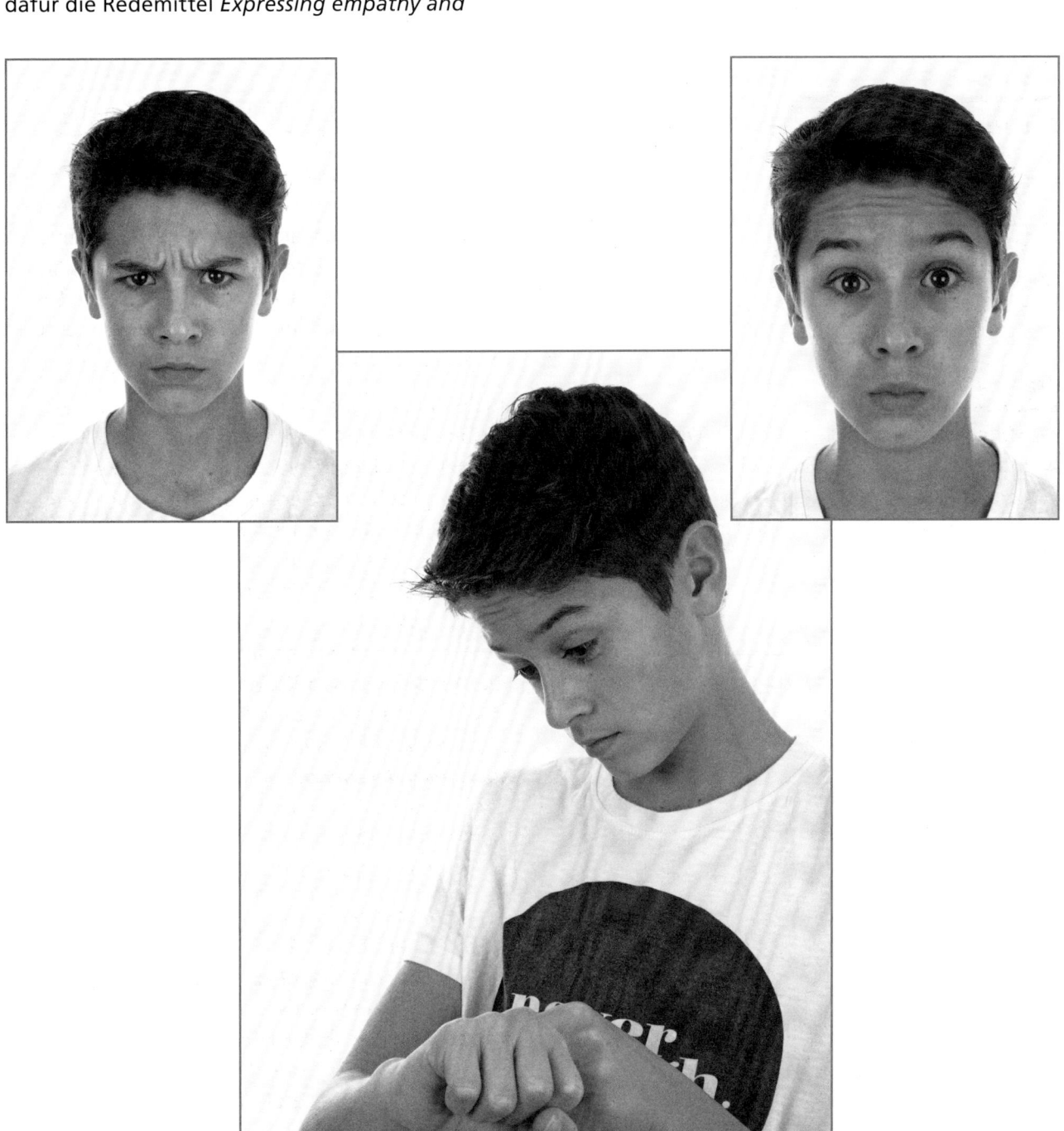

Friends in trouble (1/2)

◎ **Situation cards**

You've too much homework to do.	Your dog has eaten your English homework.
You've just had an argument with your best friend.	It's Sunday and you don't know what to do. Your friends are all busy.
You've gotten a bad grade on a test.	You've made a chocolate cake for your best friend, but he/she doesn't like it.
Your best friend has kissed the girl/boy you are in love with.	You've just moved to another city. Now, it's your first day at your new school.
Your mother reads your letters.	The summer holidays will start soon.
You'll have a difficult test tomorrow.	It's a sunny Sunday morning and you've no homework to do today.
It's your birthday today.	Your brother has eaten all your cookies.
You've just come back from a football/basketball match. You and your team have won the game.	Your parents don't allow you to watch your favourite movie. They tell you to study for school instead.

Friends in trouble (2/2)

◎ Feelings

Happiness

(to) be happy/pleased about sth.	glücklich über etw. sein
(to) be excited about/at sth.	von etw. begeistert sein
(to) be proud of sth.	stolz auf etw. sein
(to) be relieved about sth.	erleichtert über etw. sein
(to) feel at ease/comfortable	sich wohlfühlen

Surprise

(to) be surprised about/by/at sth.	über etw. überrascht sein
(to) be amazed at sth. (positive)	über etw. erstaunt sein

Sadness and loneliness

(to) be sad	traurig sein
(to) feel lonely/lonesome	sich einsam fühlen
(to) feel forlorn	sich verloren fühlen
(to) feel rejected/left out	sich zurückgewiesen fühlen

Anger

(to) be angry with/furious with/at/ (to) be mad at sb.	wütend auf jdn. sein
(to) be outraged	empört/schockiert sein
(to) feel (deeply) offended/hurt	(schwer) gekränkt/verletzt sein

Fear

(to) be intimidated by sth./sb.	von etw./jdm. eingeschüchtert sein
(to) be afraid of sth.	Angst vor etw. haben
(to) feel tense	angespannt fühlen
(to) be nervous about sth.	nervös sein
(to) be alarmed at/by/about sth./ (to) be anxious about sth./ (to) be worried about/by sth.	beunruhigt/besorgt über etw. sein

Ill at ease

(to) feel ill at ease/uncomfortable	sich unwohl fühlen
(to) be ashamed of/at sth./ (to) be embarrassed by sth.	sich für etw. schämen
(to) be frustrated by/at sth.	über etw. frustriert sein
(to) be confused about sth.	von etw. verwirrt sein
(to) feel totally empty	sich ganz leer fühlen
(to) feel insecure	sich unsicher fühlen
(to) feel guilty about sth.	sich wegen etw. schuldig fühlen

Powerless

(to) be tired/done for (fam.)	müde sein
(to) be exhausted	kraftlos, geschwächt sein
(to) be discouraged	entmutigt sein
(to) feel desperate/hopeless	sich verzweifelt/hoffnungslos fühlen

Friends in trouble

◎ Megan's situation

www.shareyourtroubles.co.uk

| New topic | **SHARE YOUR TROUBLES!** | FAQ | Log in | search |

author: megan
20.01.2014

Hello everybody,

I don't know what to do anymore. School is killing me. There are so many tests to study for, and there's so much homework to do. We'll write a maths test tomorrow, and I've no idea how to pass it, because I didn't understand much of it in class. Also, my mum wants me to clean up my room today, and my dad wants me to help him in the garden. I should also go to my grandma's house, because I really like her, and she often feels very lonely. But it's already 4 p.m. What should I do?
Please answer me soon!

Yours, Megan

◎ Expressing empathy and giving advice – Useful phrases

Expressing empathy	Giving advice
▶ I totally understand how you feel./ I know how you feel./I can see why you feel that way. ▶ I understand why you feel sad/ stressed/ … ▶ That must be very upsetting/ frustrating/ … ▶ I know how stressful/hard/ … a situation like yours is. ▶ You must feel really … (+ feeling).	▶ If I were you, I would … ▶ When I'm in a situation like this, it often helps me to … ▶ In this kind of situation it always helps to … ▶ Have you tried to …?/You could try to … ▶ Why don't you …? ▶ I believe the best thing to do now is to … ▶ In my experience, … works really well.

Teenage life | Free time junkies | Lehrerhinweise

Free time junkies

Darum geht's

Wie verbringen die Schüler ihre Freizeit? Diese Frage steht inhaltlich in dieser Stunde im Vordergrund. Der sprachliche Schwerpunkt liegt auf der Vermeidung von typischen (Grammatik-)Fehlern. Nach einem kommunikativen Einstieg zum Thema Freizeit gehen die Schüler auf Fehlerjagd im ersten Teil eines Schülerzeitungsartikels zum Thema *free time*. Die von den Schülern gefundenen Fehler werden im Plenum besprochen und entsprechende Regeln zur Vermeidung dieser Fehler an der Tafel zusammengetragen. Anschließend geht es an das Üben der gelernten Regeln in weiteren Artikelteilen. Den Abschluss der Stunde bildet ein gemeinsam entwickeltes Akrostichon zum Thema *free time*.

Kompetenzerwartungen

Die Schüler
- trainieren die mündliche Kommunikation.
- lernen typische Fehlerquellen kennen und üben die Vermeidung dieser Fehler.

Materialliste

- Materialblatt *Free time junkies*
- Lösungen (siehe S. 52)

◎ Das bereiten Sie vor

- In schwachen Lerngruppen: Unterstreichen Sie die Fehler im ersten Teil des Materialblattes *Free time junkies*, damit die Schüler die Fehler nicht erst suchen, sondern nur noch korrigieren müssen.
- Fertigen Sie Kopien des Materialblattes an (pro Schüler 1-mal) und zerschneiden Sie es. Legen Sie den ersten Streifen auf das Pult und verteilen Sie die weiteren drei Streifen in verschiedenen Ecken des Klassenzimmers. Legen Sie jeweils die dazugehörigen Lösungen umgedreht dazu. Legen Sie die *Turboworkers*-Aufgabe auf Ihr Pult.

◎ Stundenverlauf

Einstieg (ca. 5 Minuten + 7 Minuten)

Lassen Sie die Schüler als Einstieg eine To-Do-Liste zum Thema *fun weekend* in ihrem Heft notieren, die mindestens fünf Punkte umfassen soll. Geben Sie ihnen dafür folgendes Beispiel: *On my to-do list for a fun weekend, there are the following points: 1. meet friends, 2. read a good book, 3. go for a walk, 4. bake a cake, 5. have a bath.* Schreiben Sie die folgenden Fragen an die Tafel, während die Schüler sich Notizen machen: *1. What do you do exactly? 2. Do you do it alone or with friends? 3. When do you do it? 4. Why do you enjoy this kind of activity so much?* Nachdem die Schüler ihre persönliche Liste angefertigt haben, tauschen sie sich darüber nach der *Talk-Change-Talk*-Methode aus (siehe Vorwort S. 5). Mit jedem Partner sprechen sie allerdings nur über einen Punkt auf ihrer Liste. Dabei dienen ihnen die Fragen, die Sie zuvor an die Tafel geschrieben haben, als Leitfaden. Nachdem beide einander von einer Aktivität berichtet haben, tauschen sie den Partner. Mit dem neuen Partner sprechen sie über einen anderen Punkt ihrer Liste.

Leiten Sie nach ca. sieben Minuten wie folgt auf die Arbeitsphase über: *You've talked about lots of different free time activities. Jake works for the school magazine of his school in Manchester. He has written an article about how students spend their free time. Unfortunately, there are still many mistakes in his article. Let's find them together.*

Arbeitsphase (ca. 13 Minuten + 15 Minuten)

Die Schüler holen sich den ersten Streifen des Materialblattes *Free time junkies* am Pult ab und korrigieren die Fehler in Einzelarbeit. Anschließend werden sie gemeinsam besprochen und Regeln wie folgt an der Tafel formuliert:
- ~~the~~ **most** teenagers ➡ die meisten Teenager, kein Artikel
- **(to) tell + object** ➡ She tells **me** that …, **(to) say: no object** ➡ She says that …

| 30 x 45 Minuten | Englisch | 51

11 Teenage life | Free time junkies | Lehrerhinweise

- It ~~makes~~ fun. ➜ It **is** fun.
- homework: no plural-s
- (to) live: leben, life: das Leben, lives: die Leben
- example **for** ➜ example **of**
- **16 years old** boys ➜ **16-year-old** boys

Teilen Sie die Schüler dafür in drei Gruppen ein, damit in der Arbeitsphase jede Gruppe mit einem anderen Artikelbeitrag und somit in einer anderen Ecke des Raumes beginnt. So vermeiden Sie späteres Chaos. Trotz der Einteilung in Gruppen arbeiten die Schüler in Einzelarbeit: Sie holen sich einen Beitrag und die dazugehörige Lösung, suchen und berichten die Fehler im Artikelbeitrag und kontrollieren ihr Ergebnis dann mit der Lösung. Im Anschluss holen sie sich den nächsten Beitrag sowie die dazugehörige Lösung, suchen und berichten die Fehler und kontrollieren ihr Ergebnis usw. Am Ende steht die *Turboworkers*-Aufgabe. Beenden Sie die Übungsphase, sobald alle Schüler den letzten Artikelbeitrag bearbeitet haben.

Die *Turboworkers*-Aufgabe lautet wie folgt:

> 1. Go to the board and wait until another pupil joins you.
> 2. Talk about the following question: Would you like to join Harry, Thomas or Nelly for one day and do their hobby with him/her? Why? Who would you not like to join? Why?
> 3. Make an acrostic for the word "free time" together.

Erklären Sie den Schülern die *Turboworkers*-Aufgabe ebenso wie den Begriff *acrostic* **bevor** die Schüler mit der Bearbeitung der Artikelbeiträge beginnen. Der Einfachheit halber dürfen die Schüler für das Akrostichon nicht nur die Anfangsbuchstaben der einzelnen Wörter verwenden (siehe Beispiel unten). Schreiben Sie die Turboworkers-Aufgabe zusätzlich zu Ihrer mündlichen Erklärung an die Tafel, sobald die Schüler mit der Korrektur der Artikelbeiträge begonnen haben.

Abschluss (ca. 5 Minuten)

Abschließend erstellen Sie mit den Schülern gemeinsam an der Tafel ein Akrostichon zum Thema *free time*. Dies könnte wie folgt aussehen:

```
           F U N                    S P O R T S
         F R                    H A P P I N E S S
      G A M E S                         M U S I C
L A U G H T E R                       R E L A X
```

Free time junkies

Read and correct the following text.

What do today's teenagers enjoy in their free time? Well, the most teenagers love spending time with their friends. They tell that it makes fun to meet after school or in the evening after having finished their homeworks. Teenagers who life in big cities often go to parties on the weekend. Another example for typical free time activities among teenagers is having a drink together in a café. You always see lots of 16 years old boys and girls there. Read in the articles what the pupils of our school say.

Read what Harry says carefully. Find and correct the mistakes.
Then, check your solution with the solution sheet.

"I really enjoy playing soccer with friends. The most boys in my class love it too, so we often meet on the soccer field with other 13 years old teenagers right after we've finished our homeworks. It makes so much fun to play together outside and to be totally exhausted after the game. I don't think I could life without it – or at least live would be really boring then."

Read what Thomas says carefully. Find and correct the mistakes.
Then, check your solution with the solution sheet.

"Well, the most boys aren't very good at cooking, but I've already impressed many girls with my meals. One of them even said me once that I was better than Jamie Oliver. He's an example for a great British cook, and it makes so much fun to cook his recipes because you always know the food will be really tasty. I really can't imagine live without cooking!"

Read what Nelly says carefully. Find and correct the mistakes.
Then, check your solution with the solution sheet.

"I just love reading books. It makes so much fun to dive into the story and to forget everything around me: problems I might have at home, school and homeworks. I've even joined a book club here in Manchester: Me and the other 14 years old girls and boys talk about books and often exchange books, too. An example for books that all of us love are the Harry Potter books. Sometimes we also watch the films that go with one of the books that we've read and talk about it later. However, the most books are better than the films."

Free time junkies

Read what Harry says carefully. Find and correct the mistakes.
Then, check your solution with the solution sheet.

"I really enjoy playing soccer with friends. ~~The~~ most boys in my class love it too, so we often meet on the soccer field with other ~~13 years old teenagers~~ [13-year-old teenagers] right after we've finished our ~~homeworks~~ [homework]. It ~~makes~~ [is] so much fun to play together outside and to be totally exhausted after the game. I don't think I could ~~life~~ [live] without it – or at least ~~live~~ [life] would be really boring then."

Read what Thomas says carefully. Find and correct the mistakes.
Then, check your solution with the solution sheet.

"Well, ~~the~~ most boys aren't very good at cooking, but I've already impressed many girls with my meals. One of them even ~~said~~ [told] me once that I was better than Jamie Oliver. He's an example ~~for~~ [of] a great British cook, and it ~~makes~~ [is] so much fun to cook his recipes because you always know the food will be really tasty. I really can't imagine ~~live~~ [life] without cooking!"

Read what Nelly says carefully. Find and correct the mistakes.
Then, check your solution with the solution sheet.

"I just love reading books. It ~~makes~~ [is] so much fun to dive into the story and to forget everything around me: problems I might have at home, school and ~~homeworks~~ [homework]. I've even joined a book club here in Manchester: Me and the other ~~14 years old girls~~ [14-year-old girls] and boys talk about books and often exchange books, too. An example ~~for~~ [of] books that all of us love are the Harry Potter books. Sometimes we also watch the films that go with one of the books that we've read and talk about it later. However, ~~the~~ most books are better than the films."

SOS – I need your help!

Darum geht's

In dieser Stunde dreht sich alles darum, andere um Hilfe zu bitten bzw. selbst Hilfe anzubieten. Nach einem kommunikativen Einstieg ziehen die Schüler so genannte *SOS cards*, auf denen je eine Situation beschrieben ist, in der Hilfe erforderlich ist. Basierend darauf posten die Schüler nun unter Anwendung von Redemitteln einen entsprechenden Hilferuf in einem Onlineportal der Schule, in dem Hilfegesuche und -angebote ausgetauscht werden können.
In der nächsten Phase geht es darum, auf einen der Beiträge zu antworten und die eigene Hilfe anzubieten – ebenfalls unter Verwendung entsprechender Redemittel.
Den Abschluss bildet die Präsentation des Hilferufes und der Antwort darauf.

Kompetenzerwartungen

Die Schüler
- trainieren die mündliche und schriftliche Kommunikation.
- üben Redemittel ein, mit denen sie um Hilfe bitten bzw. Hilfe anbieten können.

Materialliste

- Materialblatt *SOS – I need your help!*
- Arbeitsblatt *SOS – I need your help!*

◎ Das bereiten Sie vor

- Kopieren Sie das Materialblatt mit den *SOS cards* so oft, dass jedes 6er-Team ein Kartenset (alle zwölf Karten) bekommt. Schneiden Sie die Karten dann auseinander.
- Kopieren Sie das Arbeitsblatt *SOS – I need your help!* pro Schüler 1-mal.

◎ Stundenverlauf

Einstieg (ca. 10 Minuten)

Leiten Sie die Stunde mit den folgenden Worten ein: *Life is often not easy. You've a lot of things to do for school, and sometimes at home, too. Think of at least five situations in which you'd be glad to get some help.*
Diese Situationen sollen die Schüler nun notieren, z. B. *I need help with my French homework* oder *I need somebody to fix my computer*.
Schreiben Sie währenddessen an die Tafel: *Can you …? – I'll … if you … (+ simple present)*.
Im Folgenden befragen die Schüler einander mithilfe der Satzanfänge an der Tafel nach der *Talk-Change-Talk*-Methode (siehe Vorwort S. 5). Partner A fragt Partner B z. B.: *Can you help me with my French homework?* Partner B antwortet: *I'll help you with your French homework if you fix my computer.* Nun bittet Partner B Partner A bezüglich eines anderen Punktes um Hilfe und beginnt mit: *Can you …* Nachdem Partner A geantwortet hat, tauschen die Schüler die Partner.
Beenden Sie die Phase, nachdem die Schüler ca. sieben Minuten miteinander gesprochen haben, und leiten Sie auf die nächste Phase über: *All of us need help once in a while. Imagine our school had a forum in which you could post a note whenever you need some help. Wouldn't this be great? Let's try this!*

Arbeitsphase (ca. 3 Minuten + 12 Minuten + 12 Minuten)

Teilen Sie zunächst die Schüler in 6er-Teams ein und lassen Sie entsprechende Gruppentische bilden. Geben Sie jedem Tisch ein Kartenset, das die Schüler verdeckt auf den Tisch legen. Teilen Sie außerdem jedem Schüler das Arbeitsblatt *SOS – I need your help!* aus.
Nun zieht jeder Schüler zwei *SOS cards* und sucht sich diejenige aus, mit der er im Folgenden arbeiten möchte. Die Nummer der Karte schreibt er auf ein leeres Blatt.

Basierend auf der *SOS card* schreibt er mithilfe der Redemittel auf seinem Arbeitsblatt einen Hilferuf auf sein Blatt, der im beschriebenen Schülerforum gepostet wird in der Hoffnung, dass jemand seine Hilfe anbieten wird. Bitten Sie die Schüler nach zwöf Minuten, ihr Blatt in die Mitte des Gruppentisches zu legen.

Nachdem sie die Blätter gemischt haben, zieht jeder Schüler einen dieser „geposteten" Appelle und formuliert darauf mithilfe der Redemittel eine Antwort. Dafür haben die Schüler ebenfalls zwölf Minuten Zeit.

Abschluss (ca. 8 Minuten)

Abschließend legen alle Schüler ihre *SOS card* wieder in die Tischmitte. Ihr Blatt mit dem Hilferuf und der von ihnen verfassten Antwort verbleibt bei ihnen.
Die Karten werden gemischt, jeder Schüler zieht zwei Karten und nimmt sie an sich.

Dann liest ein Schüler im Plenum sowohl den von ihm gezogenen Hilferuf als auch die von ihm formulierte Antwort darauf vor. Alle anderen Schüler in sämtlichen Gruppen müssen herausfinden, ob das beschriebene Problem und die dazugehörige Antwort zu einer der Karten passen, die sie in der Hand halten. Wenn sie denken, dass dies der Fall ist, notieren sie die Nummer der *SOS card* in einem dafür vorgesehenen Kasten auf dem Arbeitsblatt und melden sich. Nachdem Hilferuf und Antwort vollständig vorgelesen wurden, nennt der Schüler, der sich zuerst gemeldet hat, die Nummer, die er in den Kasten geschrieben hat. Der Schüler, der vorgelesen hat, überprüft das, indem er die Nummer mit der auf dem Blatt vor dem Hilferuf angegebenen Nummer vergleicht. So können die Schüler Punkte für ihre Gruppe sammeln. Am Ende gewinnt die Gruppe mit den meisten Punkten.
Lassen Sie die Schüler lesen und raten, bis die Stunde vorbei ist.

Teenage life | **SOS – I need your help!** | Arbeitsblatt

SOS – I need your help!

1. Draw two SOS cards from the cards in the middle of the group table. Read them and choose one.

2. Write the number of your chosen SOS card on a sheet of paper.

3. Describe the problem on your card in detail on your sheet. Imagine you write in an internet forum. Ask for help. You have twelve minutes.

4. When your teacher tells you to do so, put your sheet in the middle of the table. Take a sheet of one of your group members and write an answer under the SOS call. You have twelve minutes.

You find some language help below.

Asking for help and offering help – Useful phrases

Asking for help	Offering help
⊙ I really need your help. ⊙ Is there anybody who can help me/ give me a hand? ⊙ I'd be glad for some help.	⊙ Of course I can help you. ⊙ That's no problem. ⊙ Don't worry! ⊙ If you …, I will …

5. Put your SOS cards into the middle of the table again.

6. Once again draw two SOS cards from the cards in the middle.

7. One pupil will read the SOS call and the answer on his/her sheet of paper.

8. Do you think you have the SOS card which fits to the problem described in the SOS call? If you do, write the number of the SOS card into a box below and raise your hand.

SOS call no.	SOS call no.

SOS – I need your help!

◎ SOS cards

1. You're celebrating your birthday next week. You need somebody to help you
   - buy food and drinks.
   - decorate the room.
   - prepare salads.

2. You're celebrating your birthday next week. You need somebody to help you
   - write invitations.
   - buy food and drinks.
   - bake a cake.

3. You're new in town and now looking for someone to show you around. Write which places you are especially interested in (cinema? shopping centre?).

4. You're very bad at inline skating, but you want to learn it. Write why you want to learn inline skating and where you want to practise.

5. You're very bad at skateboarding, but you want to learn it. Write why you want to learn skateboarding and where you want to practise.

6. You're very bad at cooking, but you want to learn how. Write why you want to learn how to cook and which dishes you would like to prepare.

7. You're new in town and now looking for someone to show you around. Write which places you're especially interested in (soccer field? swimming pool?).

8. Your grandparents want to have a picture of you. Now, you need somebody to take a photo of you. Write where the photo should be taken and why.

9. You're very bad at baking, but you want to learn how. Write why you want to learn how to bake and which cakes you would like to make.

10. You want to paint the walls of your room in another colour. Before you start, every piece of furniture has to be moved into another room.

11. You want to surprise your little brother and paint the walls of his room in another colour while he is at your grandma's house. Before you start, every piece of furniture has to be moved into another room.

12. Your aunt and uncle want to have a picture of you. Now, you need somebody to take a photo of you. Write where the photo should be taken and why.

Teenage life | The dare | Lehrerhinweise

The dare

Darum geht's

Eine neue Stadt, eine neue Schule, und zu allem Überfluss hat sie die Mutprobe, durch die sie neue Freunde bekommen wollte, nicht richtig bestanden. Anna ist verzweifelt. Was soll sie jetzt bloß tun?
Die Schüler versuchen, sich in die Lage von Anna und in die eines wahren Freundes zu versetzen. Mithilfe von Redemitteln erarbeiten sie einen Dialog, in dem der Freund Anna Ratschläge gibt, auf die Anna reagiert. Am Ende der Stunde steht die Diskussion der Fragen, was wirkliche Freundschaft ausmacht und ob Anna durch die Mutprobe wirkliche Freunde gefunden hätte.

Kompetenzerwartungen

Die Schüler
- üben Redemittel zur Bildbeschreibung ein.
- trainieren die mündliche Kommunikation.
- wiederholen und festigen durch das Verfassen und Vortragen eines Dialoges Redemittel, mit deren Hilfe sie Freunden einen Rat geben und selbst auf Ratschläge reagieren können.
- beschäftigen sich mit der Frage, was eine gute Freundschaft ausmacht.

Materialliste

- Folie *The dare*
- Arbeitsblatt *The dare*
- Cheat Sheet (siehe S. 7f.)

◎ Das bereiten Sie vor

- Ziehen Sie die Folienvorlage auf Folie.
- Kopieren Sie das Arbeitsblatt pro Schülerpaar 1-mal.
- Die Schüler brauchen ihr *Cheat Sheet*.

◎ Stundenverlauf

Einstieg (ca. 7 Minuten)

Projizieren Sie das Bild an die Wand. Der Text muss noch verdeckt bleiben.
Stellen Sie den Schülern nacheinander die folgenden Fragen: *What do you see in the picture? How do you think Anna feels? What might have happened?*
Decken Sie den Text auf, nachdem die Schüler spekuliert haben, was Anna passiert sein könnte. Lesen Sie gemeinsam Annas Tagebucheintrag vom Vortag und lassen Sie die Schüler dann erneut spekulieren, was passiert sein könnte. Leiten Sie im Folgenden auf die Arbeitsphase über.

Alternativer Einstieg

Wenn die Schüler schon mit den Redemitteln zur Bildbeschreibung vertraut sind, bietet sich auch folgender Einstieg an:
Schon von Beginn an arbeiten die Schüler in 2er-Teams. In der ersten Phase brauchen sie ihr *Cheat Sheet* (➜ *Describing a picture/photo*).
Sie sitzen wie folgt:
Partner A sieht, was per Overheadprojektor an die Wand projiziert wird, Partner B dreht sich mit dem Gesicht in die entgegengesetzte Richtung. Projizieren Sie das Bild an die Wand, wenn alle Schüler wie beschrieben sitzen.
Nun beschreibt Partner A Partner B das Bild möglichst detailliert. Partner B sagt, wie sich das Mädchen wohl fühlt und warum.
Im Anschluss lassen Sie die Schüler spekulieren, was Anna passiert sein könnte, lesen dann gemeinsam ihren Tagebucheintrag vom Vortag, lassen erneut spekulieren und leiten dann auf die Arbeitsphase über.

Teenage life | The dare | Lehrerhinweise

Arbeitsphase (ca. 20 Minuten + 5 Minuten + 8 Minuten)

Erzählen Sie den Schülern zu Beginn der Arbeitsphase, was Anna wirklich passiert ist (siehe Arbeitsblatt). Teilen Sie dann die Arbeitsblätter *The dare* aus und lassen Sie die Schüler Rollenspiele erarbeiten, in denen Jeff Anna Ratschläge gibt und Anna darauf reagiert. Dafür haben die Schüler 20 Minuten Zeit. Besonders schnelle Schüler finden eine *Turboworkers*-Aufgabe als Vorbereitung auf die Abschlussdiskussion dieser Stunde unter dem Arbeitsauftrag.

Nachdem die Schüler den Dialog erarbeitet haben, bekommen sie noch fünf Minuten Zeit, um für die Präsentation im Anschluss zu üben.

Anschließend stehen acht Minuten für die Präsentation einiger Rollenspiele zur Verfügung.

Abschluss (ca. 5 Minuten)

Nach der Präsentation der Dialoge bildet eine Diskussion darüber, ob Anna durch eine gelungene Mutprobe wirklich gute Freunde gefunden hätte, den Abschluss der Stunde. Stellen Sie den Schülern die folgenden Fragen, die die Schüler zunächst mit ihrem Partner besprechen, danach gemeinsam im Plenum: *Anna wanted to find good friends through this dare. What do you think good friends are like? Do you think Anna would have found good friends in Jeff, Sarah and Lucie through this dare?*
Sprachliche Hilfe finden die Schüler auf dem *Cheat Sheet* (➜ *Oral communication*).
Schüler, die die Turboworkers-Aufgabe auf dem Arbeitsblatt bearbeitet haben, sollen hier ihre Notizen zu Hilfe nehmen.

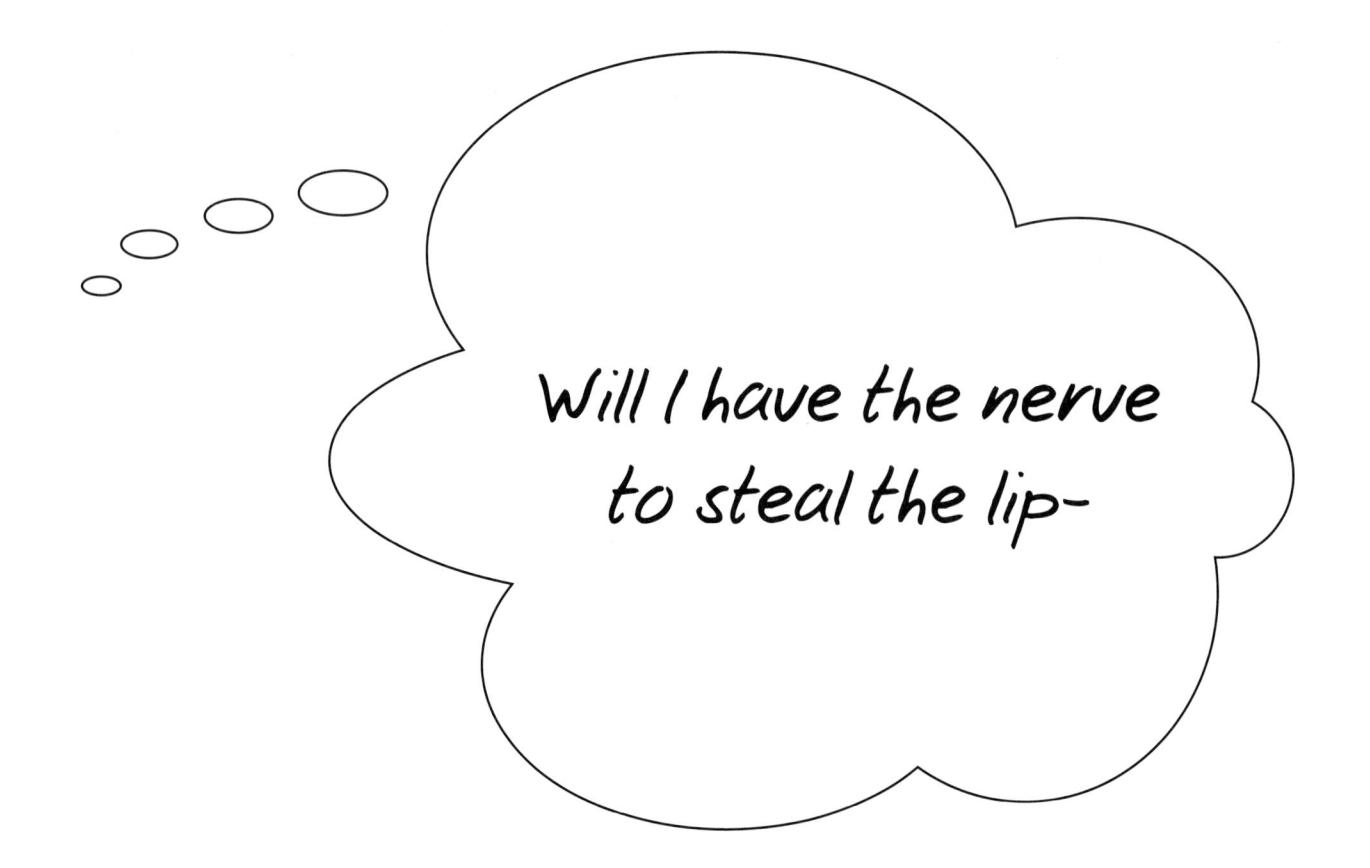

Will I have the nerve to steal the lip–

The dare

Dear diary,

my first week of school in this new city is over. Why did my parents have to move here? I hate this place. I had to leave all my close friends behind! In my new class only Jeff, Sarah and Lucie seem to be okay. However, they want to test me before I can join their group. Tomorrow I'll have to steal a lipstick in one of these huge stores in town. I've never wanted to become a thief, but what else can I do? Everybody needs friends.

Anna

The dare

◎ Role play

Anna has done the dare and was caught by the store detective. She knows that the police have already informed her parents, so she doesn't want to go home. However, Jeff suddenly joins her. He was against the dare from the very start but didn't have the courage to speak up. Since he knows Anna's hiding place, he has come to look for her in the empty building. They start talking.

Work with a partner.
Put yourselves into the shoes of Anna and Jeff.
Jeff gives Anna some advice on how to deal with this situation.
Anna reacts to his advice.
Write down a role play into your exercise book.
Make use of the phrases below.
You will be asked to practice your presentation and to present your role play later.

Giving advice and reacting to it – Useful phrases

Giving advice	Reacting to advice
⊙ I really think you should … ⊙ Why don't you …? ⊙ You could try … ⊙ You've no choice but to … ⊙ If I were you, I would … ⊙ I believe the best thing to do now is to …	⊙ How should I do this? ⊙ I don't think that this will help. ⊙ Do you really think so? ⊙ Do you really think I should do this? ⊙ Hmm, I don't know … ⊙ But what if … (+ simple present) ⊙ I see what you mean. ⊙ You're probably right. ⊙ Thank you very much for your advice.

<u>For turboworkers:</u> **Have you finished writing the dialogue?**
Are there other pupils who are still working?
Think about the following questions and take notes for each of them:
a) **What do you think good friends are like?**
b) **Do you think Anna would have found good friends in Jeff, Sarah and Lucie through this dare?**
Take out your *Cheat Sheet*. Mark three *oral communication* phrases which you will use in the following discussion of the two questions.

The media

Klasse 7 und 8

A day in the life of …

Darum geht's

In dieser Stunde ist die Kreativität und Fantasie der Schüler gefragt.
Den Einstieg bildet das Lied *Hall of Fame* von *The Script* zur Einstimmung der Schüler auf das Thema. Im Anschluss berichten die Schüler einander von ihrem Lieblingsstar und überlegen sich dann gemeinsam in einem Brainstorming, wie der Tag eines Stars wohl aussehen könnte. Basierend darauf verfassen sie einen Tagebucheintrag aus Sicht eines Stars.
Abschließend präsentieren die Schüler ihre Texte.

Kompetenzerwartungen

Die Schüler
- trainieren die mündliche Kommunikation.
- schreiben unter Verwendung von *connectives* einen Tagebucheintrag aus Sicht des Stars.

Materialliste

- Lied *Hall of Fame* von *The Script*
- Möglichkeit zum Abspielen
- *Cheat Sheet* (siehe S. 7f.)

◎ Das bereiten Ihre Schüler vor

Geben Sie den Schülern in der Stunde zuvor folgende Hausaufgabe:
Do some Internet research on your favourite singer or band. Find out the following information: age, hometown, most famous song, at least eight pieces of additional information (e.g. fun facts, his/her favourite kind of food, what he/she likes or dislikes …). Write down key words into your exercise book.

◎ Das bereiten Sie vor

- Besorgen Sie den Liedtext.
- Ziehen Sie evtl. den Refrain des Liedes auf Folie.
- Die Schüler brauchen ihr *Cheat Sheet*.

◎ Stundenverlauf

Einstieg (ca. 5 Minuten)

Spielen Sie die ersten 20 Sekunden des Liedes an und lassen Sie die Schüler raten, um welches Lied es geht. Bitten Sie die Schüler dann, den Satzanfang *You can/could …* schriftlich mehrfach zu vervollständigen, während Sie das Lied weiterspielen. Je nachdem, ob die Klasse gern singt, können Sie den Refrain per Overheadfolie an die Wand projizieren und die Schüler zum Mitsingen animieren.
Spielen Sie das Lied nur bis Minute 2:00 und senken Sie die Lautstärke langsam. Lassen Sie danach kurz im Plenum zusammentragen, wie die Schüler den Satz analog zum Song beendet haben. Leiten Sie dann mit den folgenden Worten auf die erste Arbeitsphase über: *Now, some people have already made it. They're stars, and everybody knows their name. At home you did some research on your favourite star. Please take out your exercise books.*

The media | A day in the life of … | Lehrerhinweise

Arbeitsphase (ca. 10 Minuten + 5 Minuten + 15 Minuten)

In der ersten Arbeitsphase berichten die Schüler einander über ihren Lieblingsstar nach der *Talk-Change-Talk*-Methode (siehe Vorwort S. 5). Ihre zu Hause notierten Stichpunkte helfen ihnen hier inhaltlich und sprachlich. Leiten Sie nach ca. zehn Minuten auf die folgende Phase über: *We've all heard about different stars now. But what do you think they do all day long?*

Schreiben Sie *A day in the life of a star* in die Mitte der Tafel und lassen Sie die Schüler in einem Brainstorming zusammentragen, was Stars wohl machen. Hier werden Vorschläge kommen wie *go to parties, go shopping, give a concert, give autographs* etc.

Leiten Sie mit den folgenden Worten auf die nächste Phase über: *Probably, a day in the life of a star is lots of fun. Imagine you were a star. Write a diary entry and describe one day of your life. Be creative! If you went to a party today, did you meet Rihanna or Pink? And if you went shopping, did you buy that beautiful dress for $ 1 000? Also, give a hint which gives the star's name away. Make use of connectives to make your text more coherent.*
(You will find help on your Cheat Sheet [➡ Writing an email, writing about events]).
Nun haben die Schüler 15 Minuten Zeit.

Abschluss (ca. 10 Minuten)

Den Abschluss der Stunde bildet die Präsentation der Tagebucheinträge. Ein Schüler liest seinen Tagebucheintrag vor. Die anderen hören zu und versuchen zu erraten, zu welchem Star dieser Eintrag gehört.

Star Life Express

Darum geht's

In dieser Stunde schlüpfen die Schüler in die Rolle verschiedener Musikstars und wiederholen dabei die Wortstellung in Fragesätzen. Als Einstieg überlegen sie sich, welche Fragen sie stellen würden, wenn sie ihren Lieblingsstar treffen würden. Anhand dieser Fragen werden die Regeln zur Wortstellung in Fragesätzen wiederholt. In den folgenden Phasen üben die Schüler diese Regeln unter Einsatz ihrer Fantasie. Sie sind gleichzeitig selbst die Stars, denen neugierig Fragen gestellt werden.

Kompetenzerwartungen

Die Schüler
- wiederholen und üben die Regeln zur Wortstellung in Fragesätzen.
- trainieren die mündliche Kommunikation.

Materialliste

Materialblatt *Star Life Express*

◎ Das bereiten Sie vor

- Kopieren Sie das Materialblatt so oft, dass jeder Schüler eine Karte (und somit drei Fragen) bekommt. Knicken Sie die Kopiervorlage an der gestrichelten Linie in der Mitte und kleben Sie beide Seiten zusammen, sodass jede Karte Vor- und Rückseite hat (Vorderseite: Frage-Stichpunkte, Rückseite: ausformulierte Frage). Schneiden Sie die Karten dann auseinander.
- Direkt vor der Schulstunde: Klappen Sie die Tafel zu und schreiben Sie die folgende sprachliche Hilfe auf einen der beiden Flügel. Klappen Sie danach beide Tafelhälften auf, sodass die Schüler den Tafelanschrieb nicht sehen können.

Asking questions	– Useful beginnings
When	did/could you (+ inf.) …
Where	have you (verb + -ed / 3rd form) …
How	do/are/can you (+ inf.) …
Why	will you (+ inf.) …
What	…

Stundenverlauf

Einstieg (ca. 15 Minuten)

Fragen Sie Ihre Schüler: *What would you ask your favourite star if you met him or her?* Sammeln Sie die nun vorgeschlagenen Fragen links an der Tafel und sortieren Sie bereits zwischen Fragen mit bzw. ohne Fragewort. Erarbeiten Sie basierend auf diesen Beispielsätzen nun mit den Schülern gemeinsam die Regeln zur Wortstellung in Fragesätzen und halten Sie dies an der Tafel fest. Das Tafelbild sollen die Schüler im Anschluss abschreiben. Es könnte wie auf der nächsten Seite aussehen.

Arbeitsphase (ca. 15 Minuten + 10 Minuten)

Die Arbeitsphasen dienen der Übung der soeben erarbeiteten Regeln. Zunächst wird jeder Schüler gebeten, in die Rolle eines Musikstars zu schlüpfen, sodass die Klasse eine Gruppe von Stars darstellt. Um einander besser kennenzulernen, stellen sie sich gegenseitig Fragen, die sie dann mithilfe ihrer Fantasie beantworten. Teilen Sie vor dieser Phase jedem Schüler eine *question card* aus. Nun interviewen sich zunächst die Sitznachbarn nach einer kurzen Begrüßung (z. B. Partner A: *Hello, I'm Tim Odell.* Partner B: *Hello, I'm Rihanna*). Partner A sieht die Fragestichpunkte, anhand derer er eine Frage formuliert. Partner B sieht die ausformulierte Frage auf der Kartenrückseite und korrigiert ggf. Wenn notwendig, kann er Partner B verraten, in welcher Zeitform die Frage formuliert werden muss. Nun beantwortet er die ihm gestellte Frage aus Sicht des Stars, dessen Rolle er eingenommen hat. Insgesamt beantwortet er so drei Fragen, bevor er selbst an der Reihe ist, dem anderen Fragen zu stellen. Wenn die Partner einander interviewt haben, tauschen sie ihre Karten aus, stehen auf, warten, bis ein anderes 2er-Team fertig ist, und gehen auf die entsprechenden Schüler zu, um so neue 2er-Teams zu bilden und einander zu interviewen.

Leiten Sie nach ca. 15 Minuten auf die folgende Phase über: *This time you knew who you were interviewing. Now, it'll be your job to guess who the other person is.* Teilen Sie jeweils zwei Schülern den Abschnitt *Who am I?* aus. In Partnerarbeit spielen die Schüler nun Promiraten, wie auf dem Abschnitt erklärt. Der von Ihnen vor der Stunde notierte Tafelanschrieb dient den Schülern als sprachliche Unterstützung.

Abschluss (ca. 5 Minuten)

Um die Stunde im Plenum zu beschließen, können Sie sich abschließend selbst eine Persönlichkeit ausdenken, die die Schüler durch Fragen erraten müssen.

Tafelbild

Asking questions

Questions without a question word

Do	you	sing	in the shower?
Have	you	acted	in a movie yet?
Did	you	sing	in a choir as a child?
Will	you	give	a concert in New York this summer?
Is	your wife a star, too?		

Fragesätze ohne Fragewort beginnen mit den Satzbausteinen Hilfsverb + Subjekt.

Ist das Vollverb eine Form von (to) be, so steht es am Satzanfang. Der Satz beginnt mit den Bausteinen Vollverb + Subjekt.

Questions with a question word

When	did	your career	start?
What	do	you	have for breakfast?
When	will	you	publish your next CD?

Fragesätze mit Fragewort beginnen mit den Satzbausteinen Fragewort + Hilfsverb + Subjekt + Verb.

Questions with a subject as the question word

Who	helped	you	to become famous?
How many fans	are		in your fan club?

In Fragesätzen, in denen das Fragewort das Subjekt ist, steht die regelmäßige Wortstellung (Subjekt, Verb, Objekt).

Star Life Express

◎ Question cards

---

1. When did you publish your first CD? (simple past)
2. Where do you live? (simple present)
3. When will you give your next concert? (will-future)

---

1. when – you – publish – first CD?
2. where – you – live?
3. when – give – next concert?

---

1. Have you sung in the USA yet? (present perfect)
2. How did you meet your wife/husband? (simple past)
3. Will you publish a new CD next year? (will-future)

---

1. sing – in the USA – yet?
2. how – meet – wife/husband?
3. publish – new CD – next year?

---

1. Why did you want to become famous? (simple past)
2. What's your favourite movie? (simple present)
3. Can you give me an autograph? (simple present)

---

1. why – want to become – famous?
2. what – is – favourite movie?
3. can – you – give me – autograph?

---

1. How did your parents react to your success at first? (simple past)
2. Why do you sing your songs in English? (simple present)
3. Where do you normally spend your holidays? (simple present)

---

1. how – parents – react – to your success – at first?
2. why – sing – songs – in English?
3. where – normally spend – holidays?

Who am I?

Partner A: Imagine you were a celebrity (singer, actor/actress, sports star, politician, etc.).
Do not tell your partner who you are. Answer his questions using your imagination.
Partner B: Your partner is a celebrity. Ask questions to find out who he/she is.
Do not only ask yes/no-questions. Also, use all of the different tenses when asking questions.
When partner B has found out who partner A is, change roles.

Who am I?

Partner A: Imagine you were a celebrity (singer, actor/actress, sports star, politician, etc.).
Don't tell your partner who you are. Answer his questions using your imagination.
Partner B: Your partner is a celebrity. Ask questions to find out who he/she is.
Do not only ask yes/no-questions. Also, use all of the different tenses when asking questions.
When partner B has found out who partner A is, change roles.

The media | Media.com | Lehrerhinweise

Media.com

Darum geht's

In dieser Stunde geht es um das Nutzungsverhalten der Schüler hinsichtlich verschiedener Medien. Der Fokus liegt hierbei auf dem Internet.
Nach einem spielerischen Einstieg tragen die Schüler zusammen, in welchen Situationen sie das Internet nutzen, und erklären dies tiefer gehend in einem Forumseintrag. Nach der Präsentation der Forumseinträge erklären bzw. erraten sie bestimmte, ihnen bekannte Internetseiten und tauschen sich danach darüber aus, wie oft und warum sie die einzelnen Seiten nutzen.

Kompetenzerwartungen

Die Schüler
- wiederholen und festigen ihr Vokabular zum Thema *media*.
- trainieren die mündliche und schriftliche Kommunikation unter Verwendung von *discussion phrases* bzw. *connectives*.
- setzen sich intensiv mit der Nutzung verschiedener Medien auseinander.

Materialliste

- Folie *Media.com*
- Stoppuhr
- *Cheat Sheet* (siehe S. 7f.)

Das bereiten Sie vor

- Ziehen Sie die Vorlage *Media.com* auf Folie.
- Die Schüler brauchen ihr *Cheat Sheet*.

Stundenverlauf

Einstieg (ca. 10 Minuten)

Den Einstieg in die Stunde bildet ein Ratespiel zum Thema *media*. Projizieren Sie dafür die Folie an die Tafel und verdecken Sie sie zunächst. Erklären Sie den Schülern dann das Spiel: Sie arbeiten in 2er-Teams. Partner A sieht die Folie, Partner B wendet sich in die entgegengesetzte Richtung. Partner A nennt Partner B nun das fett

gedruckte Medium. Partner B muss innerhalb einer Minute so viele Vokabeln wie möglich nennen, die er mit dem genannten Medium in Verbindung bringt. Für jedes Wort, das tatsächlich unter dem Medium steht, bekommt Partner B einen Punkt. Alternativ können Sie Partner B die Vokabeln nicht nennen, sondern auf einen Zettel schreiben lassen, damit Partner B nicht bei anderen Gruppen zuhören kann. Partner A prüft den Zettel nach einer Minute.
Anschließend tauschen die Schüler die Rollen und das Spiel wird mit dem nächsten Medium fortgesetzt. Als Lehrer decken Sie die entsprechenden Kästchen auf der Folie nach und nach auf und stoppen die Zeit.
Gewinner ist der Partner, der am Ende die meisten Punkte hat.
Im Anschluss sollen die Schüler gemeinsam je eine Minute (Sie stoppen die Zeit) über die Fragen 1 und 2 auf der Folie diskutieren.
Hilfe bei der Diskussion bieten ihnen die *discussion phrases* auf dem *Cheat Sheet* (➔ *Oral communication*).
Leiten Sie mit der Frage *Look at the media again. Which kind of medium is missing?* auf die folgende Phase über. Die Schüler werden schnell auf das Internet kommen.

Arbeitsphase (ca. 5 Minuten + 15 Minuten + 10 Minuten)

Fragen Sie die Schüler: *In which situations do you need the internet?* Halten Sie die Antworten, wie z. B. *to surf on facebook, to look for information* in einer Mindmap an der Tafel fest. Sind die Gefahren des Internets noch nicht in anderen Fächern besprochen worden, sollte dies an dieser Stelle zumindest kurz (auf Deutsch) getan werden.

Im Anschluss sollen sich die Schüler vorstellen, ihre Eltern seien der Meinung, 15 Minuten online pro Tag seien genug. Statt mit Fremden zu chatten, sollten sie lieber mit realen Freunden spielen. Die Schüler sind natürlich ganz anderer Meinung und fragen in einem Forum um Rat. Lassen Sie die Schüler diesen Forumseintrag verfassen (Arbeitsauftrag siehe Aufgabe 3 auf der Folie). Weisen Sie hier darauf hin, dass die Schüler wirklich detailliert begründen sollen, warum sie das Internet für länger als 15 Minuten pro Tag brauchen, damit sie nicht nur das an der Tafel Zusammengetragene in ihrem Forumseintrag aufzählen. Schreiben Sie währenddessen die folgenden Internetseiten auf die Rückseiten der beiden Tafelflügel, sodass die Schüler die Wörter nicht sehen können: Seite A: *Facebook®, Amazon, Wikipedia,* Seite B: *Google Maps, Youtube, Ebay™.*

Nach 15 Minuten folgt die Präsentation der verfassten Forumseinträge.
Leiten Sie dann auf den Abschluss über: *As we all know, you use the internet in lots of different situations. Let's see which websites you know.*

Abschluss (ca. 5 Minuten)

Wieder arbeiten die Schüler in 2er-Teams. Partner A sieht zur Tafel, Partner B wendet sich in die entgegengesetzte Richtung. Klappen Sie nun eine der Tafelhälften um, sodass Partner A die Namen der Internetseiten sehen und sie Partner B im Flüstermodus erklären kann. Wenn die meisten Schüler die drei Internetseiten erklärt bzw. erraten haben, tauschen die Schüler die Rollen und Sie klappen die zweite Tafelhälfte um. Auch hier können Sie die Schüler die Internetseiten alternativ aufschreiben statt nennen lassen.
Lassen Sie die Schüler dann darüber diskutieren, welche Internetseite sie am häufigsten nutzen und warum – zunächst mit ihrem Partner, dann im Plenum.

Media.com

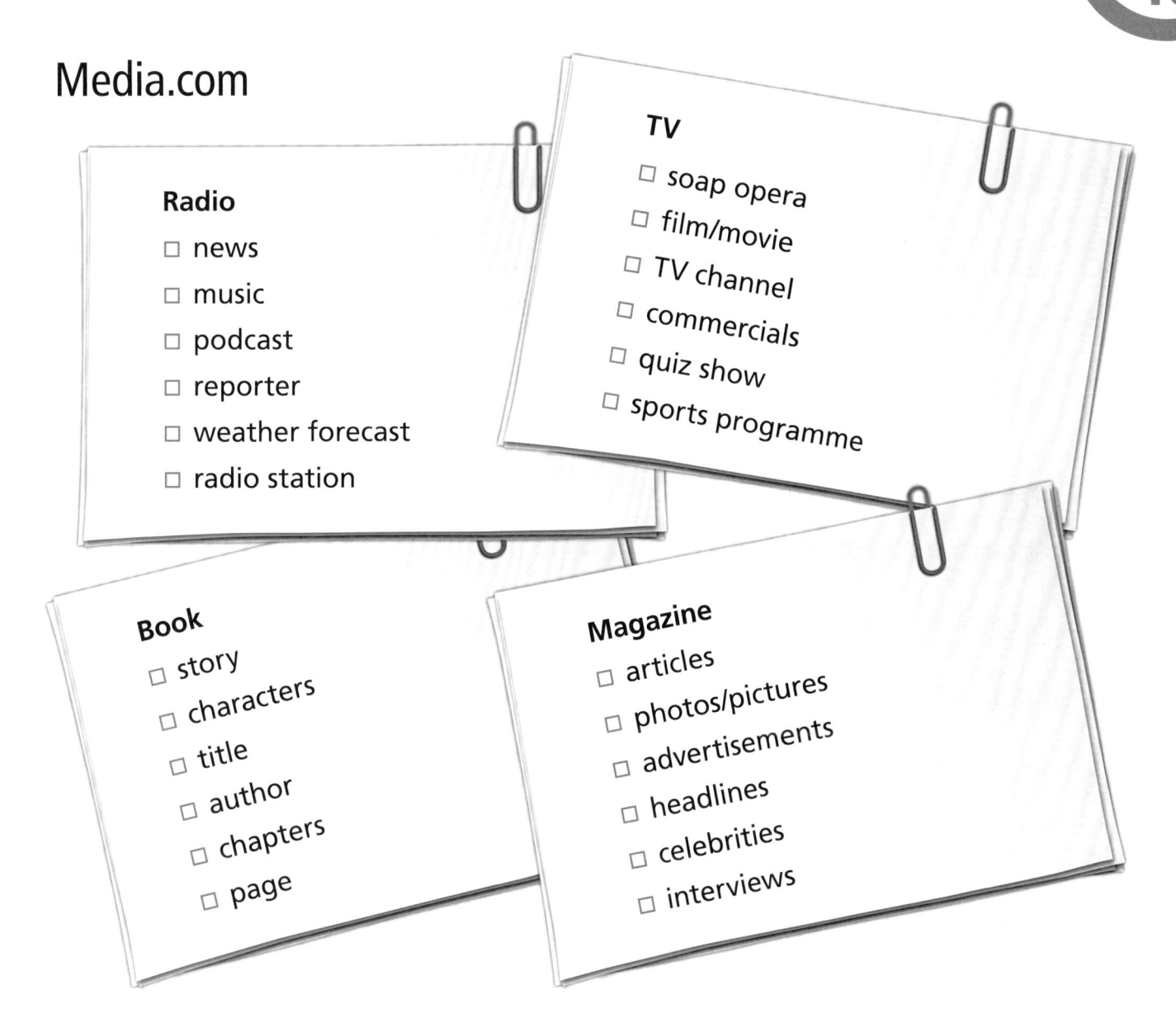

Radio
- ☐ news
- ☐ music
- ☐ podcast
- ☐ reporter
- ☐ weather forecast
- ☐ radio station

TV
- ☐ soap opera
- ☐ film/movie
- ☐ TV channel
- ☐ commercials
- ☐ quiz show
- ☐ sports programme

Book
- ☐ story
- ☐ characters
- ☐ title
- ☐ author
- ☐ chapters
- ☐ page

Magazine
- ☐ articles
- ☐ photos/pictures
- ☐ advertisements
- ☐ headlines
- ☐ celebrities
- ☐ interviews

1. Which one of these media do you use most often? Why?

2. Imagine you had to do without one kind of medium. Which one would you choose and why?

3. Imagine your parents had decided not to let you go online for more than 15 minutes per day anymore. They think that you spend too much time on the internet.
   In their opinion you should make friends in real life instead of talking to strangers in chat rooms. Write a forum entry for an internet forum and ask for advice.

   - Explain your problem.
   - Explain in detail why and when you need the internet.
   - Ask for advice.
   - Use the connectives on the *Cheat Sheet*
     (➔ *Writing an email, writing about events*).
     You can start like this: *Hello everybody, I really have a serious problem.*

Mobile phones at school?

Darum geht's

Sollten Handys in der Schule erlaubt sein? Diese Frage steht inhaltlich in dieser Stunde im Vordergrund. Der sprachliche Schwerpunkt liegt auf der Vermeidung von typischen (Rechtschreib-)Fehlern.
Nach einem kurzen Einstieg gehen die Schüler auf Fehlerjagd im Forumseintrag von Max. Max ärgert sich darüber, dass an seiner Schule neuerdings Handys verboten sind.
Die von den Schülern gefundenen Fehler werden im Plenum besprochen und entsprechende Regeln zur Vermeidung dieser Fehler an der Tafel zusammengetragen.
Anschließend lesen die Schüler die Antworten auf Max' Forumseintrag. Auch hier gilt es, die versteckten Fehler zu finden und so die soeben gelernten Regeln anzuwenden.
Den Abschluss der Stunde bildet eine Diskussion darüber, wie die Schüler selbst über den Gebrauch von Handys in der Schule denken.

Kompetenzerwartungen

Die Schüler
- trainieren die mündliche Kommunikation.
- lernen typische Fehlerquellen kennen und üben die Vermeidung dieser Fehler.
- trainieren ihr Leseverstehen.

Materialliste

- Folie *Mobile phones at school?*
- Materialblatt *Mobile phones at school?*
- Lösungen
- *Cheat Sheet* (S. 7f.)
- ggf. Arbeitsauftrag auf Folie

Das bereiten Sie vor

- In schwachen Lerngruppen können Sie die Fehler in Max' Forumseintrag auf der Folienvorlage unterstreichen, damit die Schüler die Fehler nicht erst suchen, sondern nur noch korrigieren müssen.
- Fertigen Sie Kopien der folgenden Vorlagen an:
  - Folienvorlage 1-mal auf Folie
  - Materialblatt pro Schüler 1-mal
  - Lösungen pro Schüler 1-mal
- Schneiden Sie Materialblatt und Lösungen entlang der gestrichelten Linien auseinander.
- Ziehen Sie den Arbeitsauftrag ggf. auf Folie.

Stundenverlauf

Einstieg (ca. 3 Minuten)

Den Einstieg in die Stunde bildet die Frage *What do you do with your mobile phone or smart phone?*, die die Schüler zunächst mit ihrem Banknachbarn besprechen sollen. Anschließend wird die Frage an das Plenum gestellt.
Leiten Sie wie folgt auf die Arbeitsphase über: *Most of you use your mobile phone very often. Max goes to a school in London, and he's really angry. The pupils at his school are not allowed to use their mobile phone at school anymore. This is what he wrote in a forum online. Unfortunately, he made lots of mistakes.*

Arbeitsphase (ca. 15 Minuten + 17 Minuten)

Projizieren Sie die Folie *Mobile phones at school?* an die Wand. Lassen Sie die Schüler den Text still lesen, bevor Sie die Fehler im Plenum verbessern lassen. Basierend auf den gefundenen Fehlern

The media | Mobile phones at school? | Lehrerhinweise

werden die Regeln dazu im Anschluss wie folgt an der Tafel formuliert:
- rea**ll**y: two „ll"
- th**a**n: als, th**e**n: dann
- **much**: viel (nicht zählbare Nomen), **many**: viele (zählbare Nomen)
- awfu**l**, wonderful: one „l" at the end
- **too**: positive sentences, **either**: negative sentences
- **another**: one word
- **which**: things, **who**: persons
- stor**y**, two stor**ies**
- comple**t**ely

Nachdem die Schüler die Regeln in ihr Heft geschrieben haben, werden sie in der nächsten Phase geübt. Legen Sie die verschiedenen Forumseinträge auf dem Materialblatt (Reaktionen auf Max' Eintrag) und die dazugehörigen Lösungen auf die Fensterbank. Die Schüler arbeiten nun in Einzelarbeit: Sie holen sich einen Forumseintrag und die dazugehörige Lösung, suchen und berichten die Fehler und kontrollieren ihr Ergebnis dann mit der Lösung. Im Anschluss holen sie sich den nächsten Forumseintrag und die Lösung, suchen und berichten die Fehler und kontrollieren ihr Ergebnis usw. Erklären Sie Ihren Schülern diesen Arbeitsauftrag. Am Ende steht für die Schnellen die *Turboworkers*-Aufgabe, die Sie vor Beginn der Einzelarbeit mündlich erläutern und zu Beginn der Einzelarbeit zusätzlich an die Tafel schreiben sollten.

Every student:

1. Read the answers carefully.
2. Find and correct the mistakes.
3. Then, check your solutions with the solution sheet.

For turboworkers:

1. Read the forum entries again carefully. Who reacts to which entry? Put the different entries into the right order. It's a bit tricky.
2. Check your solution with the solution on the board.
3. Make a list of the pro and con arguments given by Dave, Mr Patterson, Jenny and Mr Hill in your exercise book.

Alternativ könne Sie die Arbeistaufträge auch auf Folie ziehen und in der Stunde an die Wand projizieren.
Schreiben Sie die Lösung für *Turboworkers*-Aufgabe 1 auf die Rückseite eines Tafelflügels: 1. Jenny, 2. Mr Hill, 3. Dave, 4. Mr Patterson. Zeigen Sie Ihren Schülern, wo sie die Lösung einsehen können.

Beenden Sie die Übungsphase, wenn alle Schüler den letzten Forumseintrag bearbeitet haben.

Abschluss (ca. 10 Minuten)

Abschließend können die in den Forumseinträgen genannten Pro- und Kontra-Argumente zusammengetragen werden, bevor die Schüler die Frage *Do you think that mobile phones should be allowed at school?* zunächst mit ihrem Nachbarn, dann im Plenum diskutieren.

Mobile phones at school?

1. Read the following entry silently.
   Which spelling and grammar mistakes can you find?
2. Find and correct them together in class.

www.shareyourtroubles.co.uk

New topic | **SHARE YOUR TROUBLES!** | FAQ | Log in | search

author: max
03.02.2014

Hello everybody,

I'm realy angry! We're not allowed to use our mobile phones at school anymore! This is worse then not being allowed to have a TV in my own room! Much pupils listen to music in the break to relax. Breaks without music will be awfull! Our principal wrote in his letter to pupils and parents: "Students communicate with text messages, teachers often don't talk with each other, too. An other problem is that many pupils don't pay attention in the classroom. I've heard of pupils which write facebook messages during the lesson and lots of other storys. I don't want to ban mobile phones completly, but pupils don't need them at school. So starting next week pupils will not be allowed to use their mobile phone during school time anymore." What do you think about this? Please reply quickly!

Max

Mobile phones at school?

Hi,

my son Jake goes to school in London, and I'm definitly glad they aren't allowed to use mobile phones at school. Jake told me much storys about pupils which watch youtube videos with lots of violence. Once some pupils even took a very bad picture of a student and than published it on facebook. I don't think that pupils need a mobile phone at school. You can call friends to organise partys in the evening, and you don't have to listen to music to relax in the break, too.
Mr Patterson

Hi everybody,

I'm a French teacher, and my students often use their mobile phones to look up vocabulary words, either. It is extremly helpful. However, I prefer real communication at the lunch table! I hate it when students take out their mobile phones during lunch time to write messages, call friends from other schools or watch youtube videos together.
Mr Hill

Hello!

My name is Jenny. We aren't allowed to use mobile phones at school, too, and I think it's wonderfull. People realy talk more together. However, I have one teacher which lets us use our mobile phone during the lesson: our German teacher. We often look up vocabulary words, and this is much faster then using a dictionary. Have a great day!
Jenny

Good afternoon,

at my school we are allowed to use our cell phones. And I realy need it! I often call friends in the break to organise partys for the weekend. An other point is that music is very important to me. And what's wrong with watching youtube videos at the lunch table? Sometimes they're so funny!
Dave

17 The media | Mobile phones at school | Lösungen

Mr Patterson:

Hi,

my son Jake goes to school in London, and I'm ~~definitly~~ *definitely* glad they aren't allowed to use mobile phones at school. Jake told me ~~much storys~~ *many stories* about pupils ~~which~~ *who* watch youtube videos with lots of violence. Once some pupils even took a very bad picture of a student and ~~than~~ *then* published it on facebook. I don't think that pupils need a mobile phone at school. You can call friends to organise ~~partys~~ *parties* in the evening, and you don't have to listen to music to relax in the break, ~~too~~ *either*.

Mr Hill:

Hi everybody,

I'm a French teacher, and my students often use their mobile phones to look up vocabulary words, ~~either~~ *too*. It is ~~extremly~~ *extremely* helpful. However, I prefer real communication at the lunch table! I hate it when students take out their mobile phones during lunch time to write messages, call friends from other schools or watch youtube videos together.

Jenny:

Hello!

My name is Jenny. We aren't allowed to use mobile phones at school, ~~too~~ *either*, and I think it's ~~wonderfull~~ *wonderful*. People ~~realy~~ *really* talk more together. However, I have one teacher ~~which~~ *who* lets us use our mobile phone during the lesson: our German teacher. We often look up vocabulary words, and this is much faster ~~then~~ *than* using a dictionary. Have a great day!

Dave:

Good afternoon,

at my school we are allowed to use our cell phones. And I ~~realy~~ *really* need it! I often call friends in the break to organise ~~partys~~ *parties* for the weekend. ~~An other~~ *Another* point is that music is very important to me. And what's wrong with watching youtube videos at the lunch table? Sometimes they're so funny!

Dave

United States of America

Klasse 8

Email from California

Darum geht's

Ziel dieser Stunde ist die Wiederholung und Festigung der Regeln zur Groß- und Kleinschreibung im Englischen. Nach der Einstiegsphase, in der die Regeln wiederholt werden, wenden die Schüler sie in der Arbeitsphase an. Inhaltlich werden in dieser Stunde der Multikulturalismus in den USA sowie mögliche Probleme von Einwanderern thematisiert. Der Schwerpunkt der Stunde liegt aber deutlich auf dem oben genannten sprachlichen Aspekt.

Kompetenzerwartungen

Die Schüler
- wiederholen und festigen die Regeln zur Groß- und Kleinschreibung im Englischen.
- beschäftigen sich mit dem Multikulturalismus in den USA und möglichen Problemen von Einwanderern.

Materialliste

- Folie *Email from California*
- Materialblatt *Email from California*

Das bereiten Sie vor

- Ziehen Sie die Vorlage *Email from California* auf Folie.
- Kopieren Sie die Partnerdiktattexte für die Schüler auf dem Materialblatt (für jedes 2er-Team 1-mal). Teilen Sie das Blatt an der gestrichelten Linie. Jeder Partner erhält einen Text.

Stundenverlauf

Einstieg (ca. 15 Minuten)

Den Einstieg bildet die Folie *Email from California*. Ein Austauschschüler hat in Kalifornien bereits viele Freunde unterschiedlicher Nationalitäten gefunden und berichtet seinem britischen Brieffreund von seinen ersten Monaten in den USA. Dabei ignoriert er die Regeln der Groß- und Kleinschreibung jedoch völlig. Im Plenum verbessern die Schüler die Fehler. Im Anschluss wird an der Tafel zusammengetragen, welche Wörter im Englischen großgeschrieben werden:

- **proper names** (Peter, Sarah)
- **names of places** (California, Germany)
- **nationalities** (German, American)
- **week days** (Monday, Sunday)
- **months** (January, February)
- **religious affiliations** (Catholic, Protestant, Jewish, Muslim)
- **the word "I"**

Der Vollständigkeit halber können Sie hier noch folgende Aspekte hinzufügen: **divinities** (God, Allah), **titles** (Prime Minister David Cameron).
Die Schüler notieren diese Liste unter der Überschrift *Capitalization* in ihrem Heft.

Arbeitsphase (ca. 25 Minuten)

Die Schüler arbeiten in 2er-Teams. Teilen Sie den Teams die Texte für das folgende Partnerdiktat aus, mit dem die Schüler die soeben zusammengetragenen Regeln üben: Partner A diktiert Partner B seinen Text, im Anschluss diktiert Schüler B Schüler A seinen Text. Danach tauschen beide Schüler die Hefte. Sie kontrollieren mithilfe des Diktattextes den vom Partner geschriebenen Text und verbessern die gemachten Fehler. Erfahrungsgemäß brauchen die Schüler unterschiedlich lang. Deshalb sollte den Schülern schon vor Beginn des Partnerdiktats die Aufgabe für die sogenannten *Turboworkers* erklärt werden: Hier sollen sich die Schüler in ihren Teams überlegen, welche ausländischen Nahrungsmittel und Gerichte man in Deutschland findet – teilweise, weil Immigranten sie aus ihrer Heimat mitgebracht haben, teilweise aber auch durch die wachsende Globalisierung. In einer Art Brainstorming sollen sie zusammen den folgenden Satz beenden: *Germans enjoy …* Als Beispiel kann dieser Satzanfang, den Sie auch an die Tafel schreiben sollten, mit *Italian spaghetti* oder *French baguette* beendet werden.

Abschluss (ca. 5 Minuten)

Beenden Sie die Arbeitsphase, wenn jedes Team die Diktattexte kontrolliert hat, mit den Worten *From your texts, you learned that immigration is often easier for children than for their parents. What can be difficult for immigrants in the new country?* (➜ *learning the new language, adapting to the new culture, finding a job, making friends*) Leiten Sie dann mit den folgenden Worten auf die Ergebnisse der *Turboworkers*-Aufgabe über: *When immigrants come to another country, they often bring their food with them. In Germany, we enjoy food from lots of different countries – some of these dishes were brought here by immigrants. What do we enjoy in Germany?* (➜ *Swiss cheese, American burgers, Italian pizza, Turkish kebab, Belgian chocolate …*) Diese Ergebnisse sollten in einer Art Mindmap an der Tafel festgehalten werden, damit sich den Schülern einprägt, dass Nationalitätsadjektive im Englischen groß geschrieben werden.

Email from California

Tim has already spent three months in San Francisco where he lives with his host family. This is the email that he sends to his British pen pal:

SEND

from: tommy@gmail.com

to: dave_p@yahoo.com

Hello from san francisco

---

dear dave,

i've been in san francisco for 3 months now: may, june and july. it's great here! the weather is really warm and sunny, and i've already found lots of friends. we go swimming in the ocean every saturday and sunday. my friends are from lots of different countries: roberto is mexican, chan is from china and tim is also from germany. tim and i play table tennis together every wednesday. next to meeting friends i see a lot of the usa. i have already visited san diego and las vegas with my host family. unfortunately, we can only take trips on saturdays. my host family is catholic, and they go to church every sunday. how are you doing in great britain? i hope to hear from you soon!

Love, tom

---

answer:

Dear Tom,

I'm glad you're doing well! We should practice spelling together when I come to visit you next week. I'll write more when I'm back from football training.

Love, Dave

United States of America | **Email from California** | Material

Email from California

◎ Team dictation – Partner A

1. Dictate your text to your partner.
2. Write down the text which your partner dictates to you.
3. Exchange your exercise books and correct your partner's text.
4. Exchange your exercise books again and have a look at the mistakes you made.
5. <u>For turboworkers:</u> Think about food from foreign countries that we eat in Germany. Finish the sentence *Germans enjoy …*, for example *Germans enjoy Italian spaghetti*.

Rodrigo's life in the USA

Rodrigo came to the USA at the age of five. Now, he goes to school in San Diego. He learned to speak the English language quickly, and now he goes to the movies to watch American films with his friends every Tuesday night. A lot of his friends are also immigrants: Bao is Chinese, Paulina is Mexican and Sally is from Great Britain. When they cook together, they make Chinese noodles, Mexican tortillas and British fish and chips. However, they all feel American.

Komma:	*comma*
Punkt:	*period*
Doppelpunkt:	*colon*

◎ Team dictation – Partner B

1. Dictate your text to your partner.
2. Write down the text which your partner dictates to you.
3. Exchange your exercise books and correct your partner's text.
4. Exchange your exercise books again and have a look at the mistakes you made.
5. <u>For turboworkers:</u> Think about food from foreign countries that we eat in Germany. Finish the sentence *Germans enjoy …*, for example *Germans enjoy Italian spaghetti*.

Pablo's life in the USA

Pablo is Rodrigo's father. He came to the USA with his family seven years ago. For him, life in the USA is difficult. He is not very good at speaking English and he misses Mexican food, Mexican traditions and his Mexican friends. However, he always looks forward to the weekend. Every Sunday he meets other immigrants: Asians, Hispanics and Europeans. They eat in a restaurant and have fun together. Most of the time, they speak English, but sometimes they speak Spanish or other languages.

Komma:	*comma*
Punkt:	*period*
Doppelpunkt:	*colon*

19 United States of America | Exploring the USA | Lehrerhinweise

Exploring the USA

Darum geht's

In dieser Stunde sollen die Schüler verschiedene Städte in den USA kennenlernen und selbst Reiselust entwickeln.
Nach einem kurzen Brainstorming zu Städten in den USA sollen sich die Schüler vorstellen, selbst in den USA gewesen zu sein. Nun berichten sie einem Freund möglichst fantasievoll von der Reise.
Anschließend führt ein Reisebericht sie nach Boston. Der Bericht endet mit der Einfahrt des *Greyhound*-Busses in die Stadt New York. Mit dieser Stadt können sich die Schüler in einer Folgestunde intensiver beschäftigen.

Kompetenzerwartungen

Die Schüler
- berichten mithilfe von Redemitteln über ihre Reise und festigen diese Redemittel dabei gleichzeitig.
- trainieren die mündliche Kommunikation.
- trainieren ihr Leseverstehen.

Materialliste

- Materialblatt *Exploring the USA*
- Folie *Exploring the USA*
- Arbeitsblatt *Exploring the USA*
- *Cheat Sheet* (siehe S. 7f.)

◎ Das bereiten Sie vor

- Kopieren Sie das Materialblatt mit den *travel cards* so oft, dass jeder Schüler eine Karte bekommt. Schneiden Sie die Karten dann auseinander.
- Ziehen Sie die Folienvorlage auf Folie.
- Kopieren Sie das Arbeitsblatt pro Schüler 1-mal.
- Die Schüler brauchen ihr *Cheat Sheet*.

◎ Stundenverlauf

Einstieg (ca. 3 Minuten)

Einen kurzen Einstieg bildet eine Blitzlichtabfrage zum Thema *cities in the USA*, in der Sie die Schüler im Plenum die ihnen bekannten amerikanischen Städte nennen lassen.
Leiten Sie mit den Worten *Now imagine you had been to one of these places* auf den ersten Teil der Arbeitsphase über.

Arbeitsphase (ca. 17 Minuten + 15 Minuten)

Geben Sie jedem Schüler eine *travel card*.
Die Schüler sollen sich vorstellen, gerade von einer Reise in die Stadt, zu der sie eine Karte erhalten haben, zurückgekommen zu sein. Nun treffen sie einen Freund, mit dem sie sich über die Reise unterhalten, und erzählen, was sie erlebt haben. Der Freund stellt interessiert Fragen und berichtet im Anschluss von seiner eigenen Reise. Damit den Schülern diese Unterhaltung leichter fällt, projizieren Sie als Hilfe die Redemittel auf der Folie an die Wand. Lassen Sie die Schüler die Redemittel sowie ihre *travel card* still lesen und klären Sie ggf. Vokabelfragen, bevor Sie mit der Sprechphase beginnen.
Folgende Vokabeln auf den Karten sollten bekannt sein bzw. besprochen werden:
slope, natural wonder, hike, rapid, boulder, mall, story, hiking trail, moose, outdoors, cable car

Die Sprechphase verläuft nach der *Talk-Change-Talk*-Methode (siehe Vorwort S. 5). Die Schüler tauschen ihren Partner immer dann, wenn beide mithilfe der Stichpunkte auf der Karte von ihrer Reise berichtet haben.
In leistungsstarken Klassen können Sie die Schüler nach jeder Sprechphase auch die Karten austauschen lassen, bevor die Schüler sich einen neuen Partner suchen.

Leiten Sie nach ca. 17 Minuten wie folgt auf den Reisebericht über: *Seeing one city in the USA is already great. However, let's read a part of Diana's travel diary. Diana explored the whole East Coast.* Teilen Sie den Schülern das Arbeitsblatt aus. Führen Sie je nach Leistungsstand der Klasse die den Schülern unbekannten Vokabeln ein und lesen Sie den Text dann mit den Schülern. Lassen Sie die Schüler den Text im Anschluss nochmals selbst still lesen. Dabei sollen sie die Informationen entnehmen, die notwendig sind, um die unter dem Text stehenden Fragen zu beantworten. Sie können die relevanten Stellen mit einem Textmarker markieren.

Die Schüler, die den Text gelesen haben, stehen auf und gehen zur Tafel (oder zu einem anderen vorher festgelegten Punkt im Klassenraum). Dort suchen sie sich einen Partner, mit dem sie über die Fragen sprechen. Wenn sie alle Fragen besprochen haben, suchen sie sich einen neuen Partner und sprechen erneut über die Fragen. Das Sprechen wird ihnen von Mal zu Mal leichter fallen. Beenden Sie die Phase, sobald alle Schüler den Text gelesen haben. Dann sollten die Fragen zur Verständnissicherung noch einmal im Plenum geklärt werden.

Abschluss (ca. 10 Minuten)

Den Abschluss der Stunde bildet folgende Frage an die Schüler: *Could you imagine going on such a trip, too? Why (not)?*
Je nach zeitlichem Rahmen können die Schüler dies zunächst mit ihrem Nachbarn besprechen, evtl. mithilfe der Redemittel auf dem *Cheat Sheet* (➜ *Oral communication*). Erst danach wird diese Frage im Plenum besprochen.

Exploring the USA

◎ Travel cards

New York
- also called *Big Apple*
- *Statue of Liberty*
- *Empire State Building:* one of the world's highest skyscrapers ➡ breathtaking view
- picnic in *Central Park*

Seattle
- close to Canada
- *Space Needle:* tower ➡ breathtaking view
- *Pike Place Market:* market where you can buy great food (e. g. fish)
- the first *Starbucks®* store

Los Angeles
- really big city in California
- home of Hollywood and the Oscars
- listen to a concert in the *Walt Disney Concert Hall*
- eat great food in *Chinatown*

San Diego
- in California ➡ warm and sunny climate
- wonderful beaches, especially for surfers
- close to Mexico ➡ great Mexican food

Washington D.C.
- capital of the USA
- home of the president (*White House*)
- lots of great museums (e. g. the *National Museum of American History*)

Skiing in the Rocky Mountains
- go skiing during the day
- great snow, great slopes
- go dancing afterwards
- drink hot chocolate and play games in the evening

Grand Canyon
- one of the natural wonders of the world
- Skywalk: floor made of glass, 240 meters above the ground ➡ breathtaking view
- wonderful hikes

Grand Canyon Rafting Tour
- great adventure
- sometimes dangerous rapids
- rocks and boulders
- wonderful nature
- have picnics at the side of the river

Boston
- *Prudential Tower* (50 stories ➡ breathtaking view)
- *Prudential Center:* huge mall with lots of shops
- *the Commons:* great park

Chicago
- called *The Windy City*
- *Willis Tower:* 108 stories, second highest skyscraper in the USA ➡ breathtaking view
- walk along the beach of the huge *Lake Michigan*

Baseball game in NY
- name of the baseball team: *New York Yankees*
- before the game: cheerleaders (full of energy and LOUD!)
- baseball game: lots of fun
- *NY Yankees* won

Yellowstone National Park
- lots of great hiking trails
- many small lakes but also great waterfalls
- see lots of animals (e. g. moose)
- great to be outdoors all day long (sleep in tents)

Rock climbing in Oregon
- exciting adventure
- be outdoors all the time
- not easy but lots of fun
- great feeling when you have reached the top
- great view from the top

Niagara Falls
- huge waterfalls
- very loud and powerful
- great view from the observation tower
- boat tour into the rapids of the Niagara falls

San Francisco
- in the state of California
- famous cable cars
- *Bank of America Tower* ➡ breathtaking view
- *Golden Gate Bridge*
- great fish restaurant

Exploring the USA

Talking about a trip – Useful phrases

Traveller:
- Hi, … (+ name of your partner)
- I've just come back from … (+ city/country).
- I went there with my family/with a friend of mine.

- I visited/saw …
- If you go to … one day, you absolutely have to see …
- If you go to …, you shouldn't miss …

- It was extremely exciting.
- It was quite amazing.
- I really loved it.
- I enjoyed it very much.
- It's pretty cool.
- We had a breathtaking view.

- The weather was really sunny/rainy/cloudy/windy.
- It was quite cold/warm/hot.

- And where did you spend your holidays?

Interlocutor:
- Oh, hi! It's good to see you again!
- What did you see there and how did you like it?
   - Wow!
   - That sounds interesting/exciting/great!
   - That must have been awesome!
- How was the weather?

Exploring the USA

◎ Exploring the East Coast

Dear travel diary,
I was really excited about my three week trip along the East Coast. I'd take a walk along the harbor in Boston, I'd see the Statue of Liberty in New York, the White House in Washington D.C. and so much more!
I left San Francisco on June 1st. I got on the plane at 5 a.m. and landed in Boston about six hours later. However, because the West Coast and the East Coast belong to two different time zones, it was already 2 p.m. in the afternoon in Boston. First, I went to my hostel. I shared my room with three other girls, but they were all gone – probably exploring Boston. And that's what I was looking forward to, too! I took my Boston travel guide and left the hostel. First, I bought a sandwich and a drink and walked to the Commons. This is a great park with lots of little ponds and just a wonderful place to have a picnic. Suddenly, there was a face that looked really familiar. Well, you won't guess who was doing some gymnastics exercises in the park with her personal trainer! Britney Spears! I couldn't believe it! After I had finished my sandwich I jumped up to say hello and to ask her for an autograph. She was really friendly and signed my Boston travel guide. She also told me that she was giving a concert in Boston. I was all excited.
After I had taken a walk through the whole park, I went back to the city center to have a look at all the different little shops, and of course I bought my first postcards! I really enjoyed myself!
Back in my room at the hostel I met the other three girls. One of them was from China and the other girls were from Switzerland. We had a great evening together, and we talked a lot. On my next two days I explored Boston thoroughly. I took a walk along the harbor, I went shopping in the huge mall in the Prudential Center, and I even climbed the Prudential Tower from which I had a breathtaking view over the city.
On my last day, I took the subway to the beach. It was such a weird feeling to know that there was Europe on the other side of the ocean! I sat down in the sand, took out the postcards that I had brought and started to write.
In the evening, I went to Britney's concert with my new friends from the hostel. It was fantastic. Britney is a great singer and dancer, and this evening made my trip to Boston unforgettable. The next day I left Boston to go to New York. I walked to the Greyhound bus stop where about 15 people had already formed a line and were obviously waiting for the bus, too. The bus came about 20 minutes later, and we hopped on. It took us four hours to go to New York, but time went by really quickly. I was lucky, because I had got a seat right in the front of the bus, so I had a great view out of the front window. Also, the lady sitting next to me was really nice. She was from New York herself, so she told me which sights I absolutely had to see. At 1 p.m. we finally arrived in New York. The streets were full of cars, but there were almost as many yellow cabs as normal cars! And the skyscrapers were so high! It was impressive, and I couldn't wait to get off the bus! Then, we arrived at the bus stop …

Read the text and make some notes. Then, meet a partner and talk with him about the following questions:

1. What does Diana see and do in Boston?
2. How does she like the journey to New York and why?
3. What do you think she will see in New York?

New York, New York

Darum geht's

Ziel dieser Stunde ist, dass die Schüler durch eine Fantasiereise nach New York verschiedene Sehenswürdigkeiten dieser Stadt kennenlernen und selbst Reiselust entwickeln. Unter Anwendung von *connectives* und mithilfe von Informationen zu Sehenswürdigkeiten sollen sie eine E-Mail verfassen, in der sie von ihrer New York-Reise berichten. Abschließend sollen sie überlegen, was sie selbst in New York gern sehen würden.

Kompetenzerwartungen

Die Schüler
- lernen New York und verschiedene Sehenswürdigkeiten in dieser Stadt kennen.
- üben Redemittel zur Bildbeschreibung ein.
- verfassen unter Verwendung von *connectives* eine E-Mail.

Materialliste

- Folie *New York, New York*
- Arbeitsblatt *New York, New York*
- *Cheat Sheet* (siehe S. 7f.)

◎ Das bereiten Sie vor

- Ziehen Sie die Folienvorlage auf Folie.
- Kopieren Sie das Arbeitsblatt pro Schüler 1-mal.
- Die Schüler brauchen ihr *Cheat Sheet*.

◎ Stundenverlauf

Einstieg (ca. 3 Minuten)

Einstiegsfrage: *Which sights can you visit in New York?* Leiten Sie dann mit den Worten *Now let's use our imagination and travel to New York together* auf den ersten Teil der Arbeitsphase über.

Arbeitsphase (ca. 12 Minuten + 20 Minuten)

In dieser Phase geht es sprachlich um Bildbeschreibung. Deshalb ist es sinnvoll, mit den Schülern zunächst die Redemittel *Describing a picture/photo* und *Jumping into a picture/photo* auf dem *Cheat Sheet* durchzugehen. Dabei sollten Sie die englischen Sätze laut vorlesen, um die richtige Aussprache zu sichern. Dann kann es losgehen: Zunächst projizieren Sie die Folie an die Wand, verdecken aber vorerst alle Bilder. Die Schüler arbeiten in 2er-Teams: Partner A setzt sich so, dass er die Folie sieht, Partner B dreht sich in die entgegengesetzte Richtung. Nun decken Sie das erste Bild auf. Partner A beschreibt Partner B mithilfe seines *Cheat Sheet* das Bild. Partner B sagt Partner A zunächst, was er sehen/fühlen/riechen und unternehmen würde, wenn er selbst in dem Bild wäre. Hierbei kann er sich ebenfalls am *Cheat Sheet* orientieren. Dann erst darf er sich umdrehen, um sich das Bild anzusehen. Anschließend decken Sie das zweite Bild auf, sodass nun Partner B Partner A das Bild beschreibt usw. Wenn Sie Ihren Schülern die Methode erklären, ermuntern Sie sie dazu, das Bild möglichst detailliert zu beschreiben und auch zu sagen, wie das Wetter ist. Nur dann kann sich der Partner das Bild gut vorstellen und seine Fantasiereise mitten hinein fällt ihm leichter. Hierbei sollen die Schüler ihrer Fantasie freien Lauf lassen. Machen Sie dies mit den folgenden Leitfragen deutlich: *If there is a house with a garden in the picture, would you be in the garden or in the house? And would you talk with the people living in the house?*

Leiten Sie nach den Fantasiereisen wie folgt auf die nächste Phase über: *Now, imagine you had really seen all these places. You are sitting in the New York Public Library writing an email to your British penfriend. In your email you tell him about all these places.* Teilen Sie den Schülern das Arbeitsblatt aus. Lassen Sie sie die Aufgabenstellung zunächst still lesen, um dann mögliche Fragen zu klären. Im Anschluss sollen die Schüler die E-Mail verfassen. *Turboworkers* können ihre Texte miteinander austauschen und eventuell Fehler korrigieren.

Abschluss (ca. 10 Minuten)

Abschließend lesen die Schüler ihre Texte im Plenum vor. Wenn noch Zeit bleibt, können sie über die folgende Frage zunächst leise in Partnerarbeit, dann im Plenum diskutieren: *What did you learn about New York and its sights?*

New York, New York

◎ Places to see in New York

Central Park

Statue of Liberty

Empire State Building

Brooklyn Bridge

Manhattan

Break in Bryant Park

United States of America | **New York, New York** | Arbeitsblatt

20

New York, New York

◎ My days in New York – Email

Imagine you were really in New York right now.
You've already seen all the places in the photos. Now, you're sitting in New York's library writing an email to your British penfriend to tell him about all these places.

- Look again at the New York pictures for inspiration. How did you like the places?
- Include some of the information about the different places that you find below.
- Make use of your *Cheat Sheet* (➜ *Writing an email, writing about events*).
- Be creative and use your imagination.

New York

- **Central Park:** huge park in the middle of NY, lots of people who play football, practice inline skating or go for a walk
- **Statue of Liberty:** symbol of freedom, 46,5 meters high
- **Empire State Building:** one of the world's highest skyscrapers ➜ breathtaking view
- **Brooklyn Bridge:** great view of Manhattan
- **Manhattan:** most popular part of New York
- **Bryant Park:** small park with tables and chairs ➜ great to have a break, next to New York's library
- **New York Public Library:** beautiful building, more than 6 million books, free internet

---

You can begin like this:

| SEND | from: |
| | to: |

New York, New York!

Dear ...,

I've already seen so much here in New York. On my first day ...

Welcome to the West Coast!

Darum geht's

In dieser Stunde schlüpfen die Schüler in die Rolle eines Fremdenführers, der seine Stadt vorstellt. Nach einem motivierenden Einstieg bereiten sie mithilfe entsprechender Informationen und Redemittel eine Präsentation der Stadt San Francisco bzw. Seattle vor. Die Bilder zu dieser Präsentation haben sie selbst ausgesucht. Das Publikum ist selbstverständlich begeistert von den Sehenswürdigkeiten und den interessanten Informationen und reagiert entsprechend. Abschließend diskutieren die Schüler, in welche der beiden Städte sie tatsächlich gern reisen würden und warum.

Kompetenzerwartungen

Die Schüler
- trainieren die mündliche Kommunikation.
- trainieren ihre Präsentationskompetenz.
- stellen mithilfe entsprechender Redemittel die Städte San Francisco bzw. Seattle vor.

Materialliste

- Arbeitsblatt *Welcome to the West Coast!*
- *Reaction cards*
- *Cheat Sheet* (siehe S. 7f.)

◎ Das bereiten Ihre Schüler vor

Teilen Sie die Schüler in der vorhergehenden Stunde in 2er-Teams ein und teilen Sie jedem Team eine Stadt (entweder Seattle oder San Francisco) zu, sodass sich dann 50 % der Schüler mit Seattle, 50 % der Schüler mit San Francisco befassen. Als Hausaufgabe sollen sie zu den folgenden Sehenswürdigkeiten digitale Bilder finden und in der nächsten Stunde mitbringen:
Seattle: Space Needle, Pike Place Market, Starbucks®
San Francisco: Golden Gate Bridge, Chinatown, Cable Car

◎ Das bereiten Sie vor

- Reservieren Sie einen Raum mit Internetzugang und Smartboard bzw. Computer mit Internetzugang und Beamer.
- Kopieren Sie das Arbeitsblatt pro Schüler 1-mal.
- Erstellen Sie die *reaction cards* wie folgt: Sie brauchen fünf Karteikarten. Schreiben Sie je eine mögliche Reaktion von Touristen auf die Karten: *Great!, Wow!, This is really interesting!, Oh!, Thank you for this great/ interesting tour.*
- Die Schüler brauchen ihr *Cheat Sheet*.

◎ Stundenverlauf

Einstieg (ca. 5 Minuten)

Schon zu Beginn der Stunde arbeiten die Schüler sitzend in den 2er-Teams, die Sie in der vorhergehenden Stunde eingeteilt hatten: Ein Schüler sieht, was an der Projektionsfläche steht, der andere dreht sich mit dem Gesicht in die entgegengesetzte Richtung.
Schreiben Sie die Wörter *tower, flowers, coffee* untereinander in einer Spalte (A) an die Projektionsfläche, wenn alle Schüler sitzen wie beschrieben. Partner A erklärt Partner B nun die Wörter, Partner B muss sie erraten.
Lassen Sie die Schüler dann die Rollen tauschen und schreiben Sie die Wörter *bridge, China, bus* in eine zweite Spalte (B). Jetzt erklärt Partner B. Partner A rät.
Geben Sie im Anschluss den Spalten Überschriften: Spalte A: *Seattle,* Spalte B: *San Francisco.*
Leiten Sie wie folgt auf die Arbeitsphase über:
Let's see what these words have to do with Seattle and San Francisco. At home, you found some pictures of sights in Seattle or San Francisco. Imagine you're in "your" city right now, and you work as a tourist guide. It's your job to present the city to the tourists. I'd like you to practice a speech you might give as a tourist guide now.

Arbeitsphase (15 Minuten + 17 Minuten)

Teilen Sie die Arbeitsblätter *Welcome to the West Coast!* aus. Lesen Sie die Redemittel mit den Schülern und klären Sie eventuelle Vokabelfragen. Zudem sollten Sie das Wort *inhabitants* erklären.

Dann kann es losgehen: Im Team üben die Schüler mithilfe der Redemittel, ihre Stadt zu präsentieren und möglichst frei zu sprechen. Sagen Sie den Schülern bereits, dass sie bei der folgenden Fantasie-Stadtführung immer wieder auf die von ihnen recherchierten Bilder verweisen sollen. Zum Üben der Stadtführung haben die Schüler zehn Minuten Zeit.

Verteilen Sie vor den imaginären Stadtführungen die *reaction cards* an einige Schüler und erklären Sie ihre Bedeutung: Jeder Schüler, der eine solche Karte erhält, darf während der folgenden Stadtführung seine Begeisterung durch den auf der Karte stehenden Ausruf bzw. Satz an einer passenden Stelle zum Ausdruck bringen.

Nun kann die Fantasiereise in die erste Stadt beginnen, wobei die ersten „Stadtführer" zunächst am Smartboard ihre Bilder aufrufen. Auf diese Bilder sollen sie während der Präsentation immer wieder verweisen. Beim Satz *Right now, we're in front of the Golden Gate Bridge* zeigen sie beispielsweise das Bild der Brücke.

Die *reaction cards* werden vor jeder Präsentation neu verteilt. Lassen Sie die Schüler im Anschluss an die Fantasie-Stadtführungen ihre Arbeitsblätter beiseitelegen und alle vorgestellten Sehenswürdigkeiten von Seattle und San Francisco nennen, wobei im Idealfall die Schüler, die sich selbst mit Seattle befasst haben, die Sehenswürdigkeiten von San Francisco nennen sollen und umgekehrt.

Abschluss (ca. 8 Minuten)

In der Abschlussdiskussion geht es um die Frage, in welche der beiden Städte die Schüler lieber reisen würden. Dafür markieren sie zunächst drei Phrasen auf ihrem *Cheat Sheet* im Bereich *Oral communication*, die sie in der folgenden Diskussion verwenden möchten. Dann diskutieren sie zunächst mit ihrem Partner, bevor die Frage im Plenum besprochen wird.

United States of America | **Welcome to the West Coast** | Arbeitsblatt

Welcome to the West Coast!

Work with a partner. Imagine you are in "your" city (San Francisco or Seattle) right now, and you work as a tourist guide. It's your job to present the city to the tourists. Practice a speech. Make use of the pictures you found and of the "useful phrases".

San Francisco	Seattle
General information ⊙ state: California ⊙ nickname: San Fran ⊙ about 825,000 inhabitants **Golden Gate Bridge** ⊙ opened in 1937 ⊙ it took four years to build it ⊙ almost 3 km long ⊙ wonderful view of the city **Chinatown** ⊙ the oldest and one of the largest Chinatowns in the USA ⊙ lots of exotic shops and food markets ⊙ great Chinese restaurants **Cable Car** ⊙ special form of public transportation ⊙ can only be found in San Francisco *Nach: www.sanfrancisco.travel.*	**General information** ⊙ state: Washington ⊙ nickname: Rain City ⊙ about 630,000 inhabitants **Space Needle** ⊙ built for the world exhibition in 1962 ⊙ 184 meters high ➡ great view from the top ⊙ elevator brings you to the top in 43 seconds **Pike Place Market** ⊙ oldest farmers' market in the USA ⊙ you can buy bread, meat, fish, lots of other kinds of food and flowers **Pike Place™ Starbucks®** ⊙ first Starbucks® ⊙ opened in 1971 *Nach: Brewer, S., Brissenden, C., Carmin, A.: USA Nordwesten & Vancouver. Vis à Vis, 2004. http://quickfacts.census.gov/qfd/states/53/5363000.html*

Presenting a city – Useful phrases

⊙ Hello everybody! Welcome to our tour through …
⊙ As you know, this city is situated in the state of …
⊙ It has … inhabitants.
⊙ Its most important sights are …
⊙ Right now, we are in front of the …
⊙ This here is …
⊙ The view from … is breathtaking.
⊙ Now, let's go to …
⊙ I really hope you'll enjoy your stay in this city.

Work

Klasse 8, 9 und 10

World of work

Darum geht's

In dieser Stunde lernen die Schüler nicht nur auf motivierende Art und Weise Vokabeln für Berufsbezeichnungen, sondern auch Vokabular, um über das Berufsleben zu sprechen. Nach dem Zusammentragen dieses Wortschatzes wird er spielerisch angewandt und die Schüler machen sich erste Gedanken über ihre eigenen Berufsvorstellungen.

Kompetenzerwartungen

Die Schüler
- wiederholen, festigen und erweitern ihr Vokabular zum Thema *world of work*.
- trainieren die mündliche Kommunikation.

Materialliste

- leere Karteikarten (DIN A6)
- Materialblatt *World of work*
- Arbeitsblatt *World of work*
- Lösungen auf Folie (siehe S. 99)

◎ Das bereiten die Schüler vor

Als Hausaufgabe zu dieser Stunde sollen die Schüler mindestens zehn englische Vokabeln für Berufsbezeichnungen notieren. Darunter dürfen sechs Berufsbezeichnungen sein, für die sie die englische Vokabel bereits kennen (z. B. *teacher* oder *doctor*). Zudem sollen sie vier Berufsbezeichnungen notieren, deren englische Vokabel sie im Wörterbuch nachschlagen (z. B. Hausmeister – *facility manager*).

◎ Das bereiten Sie vor

- Kopieren Sie das Materialblatt mit den Vokabelkarten 1-mal. Schneiden Sie die Karten dann auseinander.
- Kopieren Sie das Arbeitsblatt pro Schüler 1-mal.
- Ziehen Sie die Lösungen auf Folie.

◎ Stundenverlauf

Einstieg (ca. 10 Minuten)

Die Stunde beginnt mit dem Zusammentragen der Berufsbezeichnungen, die die Schüler im Zuge der Hausaufgabe notiert haben. Schreiben Sie die von den Schülern genannten Vokabeln als Mindmap an die Tafel. Bei den unbekannteren Vokabeln für Berufsbezeichnungen sollte evtl. die deutsche Übersetzung dazu geschrieben werden. Während Sie an der Tafel schreiben, vervollständigen die Schüler die Liste in ihrem Heft. Zudem schreibt ein Schüler mit einer gut leserlichen Handschrift jede Vokabel der Mindmap auf eine Ihrer Karteikarten. Diese Vokabel muss ganz oben auf der Karteikarte stehen, als ob es sich um eine Überschrift handeln würde.
Leiten Sie nach ca. zehn Minuten auf die Arbeitsphase über: *Now, we've learned a lot of words for different jobs. However, we need to know more vocabulary words in order to be able to talk about these jobs.*

Arbeitsphase (ca. 15 Minuten + 15 Minuten)

Teilen Sie den Schülern das Arbeitsblatt *World of work* aus und verteilen Sie die Vokabelkarten auf Fensterbänken und Schülertischen. Nun sollen die Schüler aufstehen, zu den einzelnen Karten gehen und mithilfe der Erklärung die deutsche Übersetzung finden und auf ihrem Arbeitsblatt notieren. Zudem sollen sie auch alle weiteren englischen Vokabeln unten auf dem Arbeitsblatt notieren, die auf den Karten stehen und zum Wortfeld *work* passen.
Vergleichen Sie im Anschluss die Ergebnisse mithilfe der Folie mit den Lösungen und leiten Sie dann auf die nächste Phase über: *Now let's use these vocabulary words to talk about the jobs that we collected at the beginning of the lesson.*

Nun kommen die Karteikarten ins Spiel. Teilen Sie jedem Schüler eine der Karteikarten aus, auf denen als Überschrift eine Berufsbezeichnung auf Englisch steht. Jeder Schüler überlegt sich nun vier Hinweise auf Englisch, mit denen man diesen Beruf beschreiben könnte, und notiert diese stichpunktartig auf der Karte unter der Berufsbezeichnung. Dabei sollen die Schüler möglichst viele Begriffe der soeben gelernten Vokabeln verwenden. Beispiel: *nurse – 1. works in shifts, 2. low-wage job, 3. female-dominated, 4. hospital.* Nun stehen die Schüler auf, suchen sich einen Partner und erklären diesem unter Verwendung ihrer Stichpunkte den Beruf. Der Partner muss ihn erraten und erklärt dann den Beruf auf seiner Karte. Nachdem beide erklärt bzw. geraten haben, sprechen sie kurz darüber, welchen dieser beiden Berufe sie lieber ausüben würden und warum. Dann tauschen sie die Karten und suchen sich einen neuen Partner.

Abschluss (ca. 5 Minuten)

Unterstreichen Sie vier der Berufe, die durch die erarbeitete Mindmap an der Tafel stehen. Abschließend sollen die Schüler nun zurück zu ihrem Sitzplatz gehen und sich vorstellen, ihr Schuldirektor hätte die Möglichkeit, Vertreter von zwei der vier unterstrichenen Berufsgruppen zu einem Berufsinformationsabend einzuladen. Im Plenum sollen sie nun diskutieren, welche beiden Berufsgruppen vorgestellt werden sollen und warum.

World of work (1/2)

---

employee: *Employee* is another word for worker.

CEO (chief executive officer): The *CEO* is the boss of a company.

(to) work in shifts: Since nobody can work 24 hours in a row for several days, some people have to *work in shifts*. There is the night shift and the day shift.

(to) hire sb.: If an employer *hires* a person, this person has just found a new job in this company. *(to) hire sb.* is another word for *(to) employ sb.*

---

wage/salary: The money people earn is their *wage* or *salary*.

---

apprentice: An *apprentice* is a worker who still has to learn the trade.

(to) apply for a job: If you want a job, you have to *apply* for it. Thus, you send a CV with your application to the company.

---

freelancer: People who do not work for a company but on their own, for example some authors or reporters, are *freelancers*.

---

application: If you want to find a job, you have to apply for one. Thus, you send a CV with your *application* to the company.

---

male-dominated: Some jobs are *male-dominated* because mostly men work there, for example all kinds of blue-collar jobs.

CV (curriculum vitae): A *curriculum vitae* is a document which you send with your application. It lets the employer know which schools (and universities) you attended and which job experience you have.

---

blue-collar worker: *Blue-collar workers* usually wear blue overalls when they go to work, and they work with their hands. Electricians and motor mechanics are typical *blue-collar workers*.

World of work (2/2)

job interview: A *job interview* is an interview you have at the company you want to work for. If you are lucky, you are hired after the *job interview*.

client/customer: A *client or customer* is a person who buys goods in a store or who accepts a certain kind of service. Many stores make it a priority to be *customer-oriented* or *customer-friendly*.

working conditions: Good *working* conditions are, for example, a friendly work atmosphere, an understanding boss and enough breaks. Examples of bad *working conditions* are long and bad working hours and only a few breaks.

(to) work overtime: If you *work overtime*, you work longer than you normally have to.

staff/workforce: *Staff* or *workforce* are terms for the whole group of workers of a company.

part-time job: Women who take care of their children often have a *part-time job*.

(to) dismiss sb.: If an employer dismisses an employee, the employee loses his job. *(to) dismiss sb.* is another word for *(to) fire sb.*

apprenticeship: The *apprenticeship* is the time during which you learn your job while doing it. Thus, you are already a worker, but you still need some sort of qualification to be allowed to work alone.

white-collar worker: *White collar workers* usually work in an office and often wear white shirts. They are often highly skilled in their fields and/or college educated. Typical *white collar workers* are doctors, managers, but also teachers.

employer: The *employer* is the person or company who hires an employee.

low-wage job: Workers who don't earn a lot of money have a *low-wage job*.

(to) be promoted: If you want to climb the career ladder, you try to *be promoted*.

Work | **World of work** | Arbeitsblatt

World of work

There are vocabulary cards with vocabulary words and explanations in the classroom.
Go to one card. Read the vocabulary word and the explanation.
Try to find the German translation and fill it into the list below.
Write down other work-related words from the explanation into the list below.
Then, put the card back and go to the next one.

English	German
(to) work overtime	
(to) work in shifts	
wage/salary	
(to) apply for a job	
application	
CV (curriculum vitae)	
job interview	
client/customer	
working conditions	
apprentice	
apprenticeship	
blue-collar worker	
white-collar worker	
CEO (chief executive officer)	
(to) dismiss sb.	
(to) hire sb.	
employee	
staff/workforce	
employer	
freelancer	
low-wage job	
male-dominated	
part-time job	
(to) be promoted	

Other work-related words:

World of work

English	German
(to) work overtime	Überstunden machen
(to) work in shifts	in Schichten arbeiten
wage/salary	Lohn, Gehalt
(to) apply for a job	sich für einen Job bewerben
application	Bewerbung
CV (curriculum vitae)	Lebenslauf
job interview	Bewerbungsgespräch
client/customer	Kunde
working conditions	Arbeitsbedingungen
apprentice	Auszubildende(r)
apprenticeship	Ausbildung
blue-collar worker	Arbeiter
white-collar worker	höherer Angestellter
CEO (chief executive officer)	Firmenchef
(to) dismiss sb.	jdn. entlassen
(to) hire sb.	jdn. einstellen
employee	Arbeitnehmer
staff/workforce	Belegschaft
employer	Arbeitgeber
freelancer	Selbstständiger
low-wage job	niedrig bezahlter Job
male-dominated	männerdominiert
part-time job	Teilzeitstelle
(to) be promoted	befördert werden

Other work-related words:
- ☐ worker
- ☐ company
- ☐ (to) climb the career ladder ➜ boss, manager
- ☐ night shift ⬌ day shift
- ☐ job experience
- ☐ work atmosphere

Finding your dream job

Darum geht's

In dieser Stunde setzen sich die Schüler intensiv mit der Frage nach dem Traumjob auseinander. Nach einer kommunikativen Einstiegsphase überlegen sie sich, wo ihre Interessen, ihre Stärken und ihre Schwächen liegen. Darüber sprechen sie in der anschließenden gegenseitigen Berufsberatung miteinander und bekommen hier Tipps, welcher Beruf zu ihnen passen könnte. Abschließend wird diskutiert, ob der Beruf die eigene Identität widerspiegelt.

Kompetenzerwartungen

Die Schüler
- setzen sich intensiv mit ihren eigenen Berufsvorstellungen auseinander.
- trainieren die mündliche Kommunikation.

Materialliste

- Folie *Finding your dream job*
- Musik ohne Gesang, Abspielmöglichkeit

◎ Das bereiten Sie vor

Ziehen Sie die Zitate und Fragen/Redemittel auf Folie.

◎ Stundenverlauf

Einstieg (ca. 10 Minuten)

Die Stunde beginnt mit einem *Milling Around* (siehe Vorwort S. 6) zu den ersten drei Zitaten zum Thema *work*. Legen Sie die Folie mit den Zitaten auf den Overheadprojektor und decken Sie bei jedem Musikstopp ein Zitat auf. Nach der besagten Methode diskutieren die Schüler bei jedem Musikstopp, ob sie dem gezeigten Zitat zustimmen oder nicht und warum. Im Anschluss an diese Partnerphase können die Schüler ihre Meinung kurz im Plenum vertreten, bevor Sie die Musik wieder anschalten.
In schwachen Lerngruppen können Sie vor der Diskussion im Plenum jedes Zitat 2-mal mit unterschiedlichen Partnern besprechen lassen.

Leiten Sie mit den Worten *These quotes show how important it is to find a job that you like* auf die Arbeitsphase über.

Arbeitsphase (ca. 10 Minuten + 15 Minuten + 5 Minuten)

Decken Sie nun den zweiten Teil der Folie auf. Zunächst sollen sich die Schüler in Einzelarbeit Gedanken darüber machen, wie sie die dort gestellten Fragen beantworten würden, und sich dies stichpunktartig notieren.

Im zweiten Teil der Arbeitsphase interviewen sich die Schüler gegenseitig nach der *Talk-Change-Talk*-Methode (siehe Vorwort S. 5). Zunächst interviewt Partner A Partner B und rät ihm am Ende zu einem Job, der, basierend auf dem, was er durch das Interview erfahren hat, seiner Meinung nach gut zu Partner B passen würde. Dann interviewt Partner B Partner A und rät ihm am Ende zu einem Job. Nach dem gegenseitigen Austausch stehen die Partner auf, warten, bis ein anderes 2er-Team fertig ist, und gehen auf die entsprechenden Schüler zu, um diese zu interviewen.
Beenden Sie diese Sprechphase nach ca. 15 Minuten und geben Sie den Schülern Zeit, mit ihrem aktuellen Partner darüber zu sprechen, ob ihnen zu Berufen geraten wurde, die sie sich tatsächlich vorstellen können. Diese Frage kann im Anschluss auch im Plenum erläutert werden.

Abschluss (ca. 5 Minuten)

Den Abschluss der Stunde bildet eine Diskussion über das letzte Zitat – zunächst in 2er-Teams, dann im Plenum.

Finding your dream job

◎ Work quotes

Work is a necessary evil to be avoided.

Mark Twain

Pleasure in the job puts perfection in the work.

Aristotle

Find a job that you like and you will never work a day in your life.

Confucius

Work is an essential part of being alive. Your work is your identity.

author unknown

Career counselling – Questions and useful phrases

Career counselling	Talking about your qualities
☐ What are your points of interest? ☐ What are your areas of strength? What are your weak points? ☐ What are you proud of? ☐ Do you have any qualifications or job experience? ☐ What do you find motivating in a job? ☐ What is important to you in a job (work in a team/alone, a high salary …)?	☐ I think I'm reliable/creative/patient/ambitious/… ☐ I'm (not so) good at mathematics/speaking foreign languages … ☐ I find it easy/interesting … to meet new people/teach/work with computers … ☐ I prefer working alone/in a team/outside/in an office … ☐ It is important to me to have regular working hours/to have a regular income …

Almost slaves!

Darum geht's

In dieser Stunde setzen sich die Schüler intensiv mit Kinderarbeit auseinander. Nach einer kommunikativen Einstiegsphase, in der die Schüler über ihre Vorlieben und ihre Freizeitgestaltung sprechen, informieren sie sich über Kinderarbeit und lesen die *personal stories* zweier Kinder, die Fußbälle bzw. Kleidung nähen. Anschließend reagieren sie in einem Brief an eines dieser Kinder auf das, was sie über sein Leben und seine Arbeit erfahren haben, drücken ihre Gefühle diesbezüglich aus und kontrastieren den Alltag des anderen evtl. mit ihrem eigenen Leben. Den Abschluss bildet die Präsentation dieser Briefe.

Kompetenzerwartungen

Die Schüler
- setzen sich intensiv mit Kinderarbeit auseinander.
- trainieren die mündliche und schriftliche Kommunikation.
- formulieren eine persönliche Reaktion auf eine *personal story* eines Kindes, das unter miserablen Bedingungen arbeitet.

Materialliste

- Materialblatt *Almost slaves*
- Musik ohne Gesang, Abspielmöglichkeit
- *Cheat Sheet* (siehe S. 7f.)

◎ Das bereiten Sie vor

- Kopieren Sie das Materialblatt für jedes Schülerpaar 1-mal und schneiden Sie es entlang der gestrichelten Linien auseinander.
- Die Schüler brauchen ihr *Cheat Sheet*.

◎ Stundenverlauf

Einstieg (ca. 10 Minuten)

Die Stunde beginnt mit einem *Milling Around* zu den Vorlieben und Freizeitbeschäftigungen der Schüler (siehe Vorwort S. 6). Stellen Sie nacheinander die folgenden Fragen:
1. *What do you like about going to school?*
2. *What do you like doing in your free time?*
3. *Do you prefer going shopping or playing football with friends?*

Fragen Sie die Schüler im Anschluss an jede Partnerphase kurz im Plenum nach ihrer Antwort, bevor Sie die Musik erneut anmachen.
Leiten Sie mit den Worten *Not every child has so many choices and so much free time* auf die folgende Arbeitsphase über.

Arbeitsphase (ca. 2 Minuten + 8 Minuten + 15 Minuten)

Lesen Sie zu Beginn der Arbeitsphase im Plenum den Infotext *What is child labour?*, den Sie pro 2er-Team 1-mal austeilen.
Danach arbeiten die Schüler in 2er-Teams: Der Schüler, der sich als eher schneller Leser einschätzt, wählt die *personal story* von Paolo, der andere Schüler bekommt die *personal story* von Amina. Beide Partner lesen sich „ihre" *personal story* durch und berichten dann ihrem Partner davon.
Im Anschluss schreiben die Schüler entweder Paolo oder Amina einen Brief, in dem sie ihre persönliche Reaktion auf das, was sie über das Leben und die Arbeit der Kinder erfahren haben, ausdrücken. Sie können das Leben des entsprechenden Kindes auch mit ihrem eigenen kontrastieren. Sprachliche Hilfe bietet ihnen das *Cheat Sheet* (➜ *Responding to informational texts*).
Schreiben Sie dafür den folgenden Arbeitsauftrag an die Tafel:
Write a letter to one of the children. Tell the child how you feel about what you found out about his/her life and job. You may contrast his/her life with yours.
Language help: Cheat Sheet ➜ Responding to informational texts
Time: 15 minutes

Abschluss (ca. 10 Minuten)

Den Abschluss bildet die Präsentation der Briefe.

Almost slaves!

What is child labour?

The International Labour Organization *estimates* that even today about 215 million children aged between five and seventeen years work under illegal, dangerous or extremely *exploitative* conditions. Especially when the families are very poor, children are forced out of school and into work. They work in fields *harvesting* bananas in Ecuador, cotton in Egypt and Benin or oranges in Brazil. Some children *sew* clothes in Bangladesh or soccer balls in India. Others work in mines, for example carrying *charcoal*. There are also children who work in richer people's homes doing *domestic* services. Other children are used in the *drug* trade or prostitution or serve as soldiers. About 53 % of child labour takes place in Asia and the Pacific, about 30% in sub-Saharan Africa and 7 % in Latin America.

→ *(to) estimate: schätzen, exploitative: ausbeuterisch, (to) harvest sth.: etw. ernten, (to) sew sth.: etw. nähen, charcoal: Holzkohle, domestic: häuslich, drug trade: Drogenhandel*
Nach: www.continuetolearn.uiowa.edu/laborctr/child_labor/about/what_is_child_labor.html

Paolo's story

Paolo has been sewing clothes for Puma in Bangladesh for three years. Now, he is 12 years old. Instead of going to school, he walks to the factory every morning at 5:00 a.m. after having brushed his teeth only with a finger and ashes from the fire because he cannot afford buying a toothbrush. In the factory he is forced to work 12 to 14 hours a day, often seven days a week. He earns as little as 6,5 cents per hour. Often, he is *slapped* or even *beaten* if he makes a mistake or needs too long in the bathroom (which is dirty and doesn't have toilet paper, soap or towels). Paolo says that the month of September was the worst he had ever experienced. Since the clothing *shipments* had to leave for the USA soon, the children were kept in the factory 95 to 110 hours a week. Thus, after an all-night 19-20-hour shift from 8:00 a.m. to 3:00 or 4:00 a.m. the following day, the children had slept on the factory floor for only two or three hours and started their new shift at 8 a.m. that same morning.

→ *(to) slap sb.: jdn. leicht schlagen, (to) beat sb.: jdn. schlagen, shipment: Lieferung*
Nach: www.law.harvard.edu/programs/lwp/NLC_childlabor.html

Amina's story

Amina is eight years old. Whereas soccer is a symbol of childhood for most children, for Amina it is rather a symbol of her lost childhood, because she is one of about 7,000 Pakistani children *stitching* soccer balls. She works as long as ten to eleven hours a day in order to pay off her parents' *debts*. This is nearly impossible as an *average* worker can stitch two to three balls per day, and the children only earn about 50 cents per ball. Since Amina doesn't go to school, she doesn't get any form of education and thus will probably also live in poverty as an adult.

→ *(to) stitch sth.: etw. nähen, debt: Schulden, average: durchschnittlich*
Nach: www.laborrights.org/sites/default/files/publications-and-resources/ILRF%20Soccer%20Balls%20in%20Pakistan%20report%20Feb99.pdf

Immigration and national pride

Klassen 9 und 10

My new life in Great Britain

Darum geht's

In dieser Stunde setzen sich die Schüler mit den Gründen für Einwanderung und möglichen Problemen, denen Einwanderer begegnen, auseinander. Nach einer kommunikativen Einstiegsphase, in der die Schüler sich selbst in die Lage von Einwanderern versetzt haben, lesen sie Erfahrungsberichte von Kindern, die mit ihren Eltern nach Großbritannien eingewandert sind. Nachdem sie die Gründe und die anfänglichen Probleme der Einwanderer in Großbritannien herausgearbeitet haben, befassen sie sich mit verschiedenen „Lösungsansätzen", durch die den Einwanderern der Start in einem neuen Land erleichtert werden könnte, und nehmen zu diesen Vorschlägen Stellung.

Kompetenzerwartungen

Die Schüler
- setzen sich mit den Gründen für Einwanderung nach Großbritannien und Problemen der Einwanderer auseinander.
- trainieren die mündliche Kommunikation.
- trainieren ihr Leseverständnis.
- trainieren die persönliche Stellungnahme und festigen die entsprechenden Redemittel.

Materialliste

- Musik ohne Gesang, Abspielmöglichkeit
- Materialblatt *My new life in Great Britain*
- Cheat Sheet (siehe S. 7f.)
- Glocke

◎ Das bereiten Sie vor

- Kopieren Sie das Materialblatt pro Schülerpaar 1-mal und schneiden Sie es entlang der gestrichelten Linie auseinander.
- Die Schüler brauchen ihr *Cheat Sheet*.

◎ Stundenverlauf

Einstieg (ca. 7 Minuten)

Die Stunde beginnt mit einem kurzen *Milling Around* (siehe Vorwort S. 6), bei dem sich die Schüler in die Lage eines Auswanderers versetzen. Stellen Sie nacheinander die folgenden Fragen:
1. *Imagine your father had got a new job in Canada. You're leaving next week. Which thoughts are going through your head? How do you feel?*
2. *What are your hopes for your new life?*

Fragen Sie die Schüler im Anschluss an jede Partnerphase kurz im Plenum nach ihrer Antwort, bevor Sie die Musik erneut anmachen.
Leiten Sie mit den Worten *Let's read some stories of children who really had to emigrate with their families together* auf die folgende Arbeitsphase über.

Arbeitsphase (ca. 20 Minuten + 13 Minuten)

Die Schüler arbeiten in 2er-Teams. Teilen Sie das Material aus: Partner A bekommt *Farah's story*, Partner B erhält *Dawid's story*. Den Arbeitsauftrag legen die Teams so zwischen sich auf den Tisch, dass beide ihn lesen können.
Lesen Sie zunächst gemeinsam mit den Schülern den Arbeitsauftrag, um im Anschluss eventuelle Fragen beantworten zu können. Lassen Sie die Schüler dann mit ihrem Partner arbeiten. Schreiben Sie währenddessen die folgenden drei Ideen, wie Einwanderern der Start in einem anderen Land erleichtert werden könnte, auf die Rückseite eines der beiden Tafelflügel:
a) *free language courses*
b) *parts of the city only for immigrants*
c) *free culture courses (immigrants get to know the culture of their new home country)*

Nachdem die Schüler ihre *story* gelesen, sie dem Partner vorgestellt und ihre persönliche Reaktion dazu formuliert haben, sollten Sie im Plenum nochmals nach Gründen für Einwanderung sowie nach möglichen Problemen von Einwanderern im neuen Land fragen (*reasons for immigration: workers needed in Great Britain, hope for a better life, fleeing from natural disasters or wars, problems: language problems* ➡ *hard to make friends and find a job, missing food and the culture from home).*

Leiten Sie dann auf die nächste Phase über: *As you can see, immigration is not always easy. Lots of people think about how to make the start in a new country easier for immigrants. Here are some of their ideas.* Zeigen Sie den Schülern nun die von Ihnen zuvor an der Tafel notierten Vorschläge.

In der folgenden Phase diskutieren die Schüler unter Anwendung der Redemittel *Oral communication* auf dem *Cheat Sheet* mit ihrem Partner über die an der Tafel stehenden Ideen. Lassen Sie dazu die Schüler die Redemittel zunächst still durchlesen und sechs Redemittel markieren, die sie in den folgenden Diskussionen verwenden wollen. Dann kann die erste Redephase beginnen: Mit ihrem Partner diskutieren die Schüler unter Verwendung der von ihnen ausgesuchten Redemittel über die Frage, ob sie die erste an der Tafel stehende Idee für sinnvoll halten und warum (nicht). Dabei versuchen sie, die Diskussion so lange aufrechtzuhalten, bis Sie nach ca. einer Minute mit der Glocke klingeln. Im Anschluss kann die Idee kurz erneut im Plenum diskutiert werden, bevor es in der zweiten bzw. dritten Redephase mit dem Partner um die zweite bzw. dritte Idee geht.

Abschluss (ca. 5 Minuten)

Den Abschluss bildet eine Plenumsdiskussion zur Frage, welche Idee die Schüler am sinnvollsten finden und warum. Hier sollen sie ebenfalls die gelernten Redemittel anwenden.

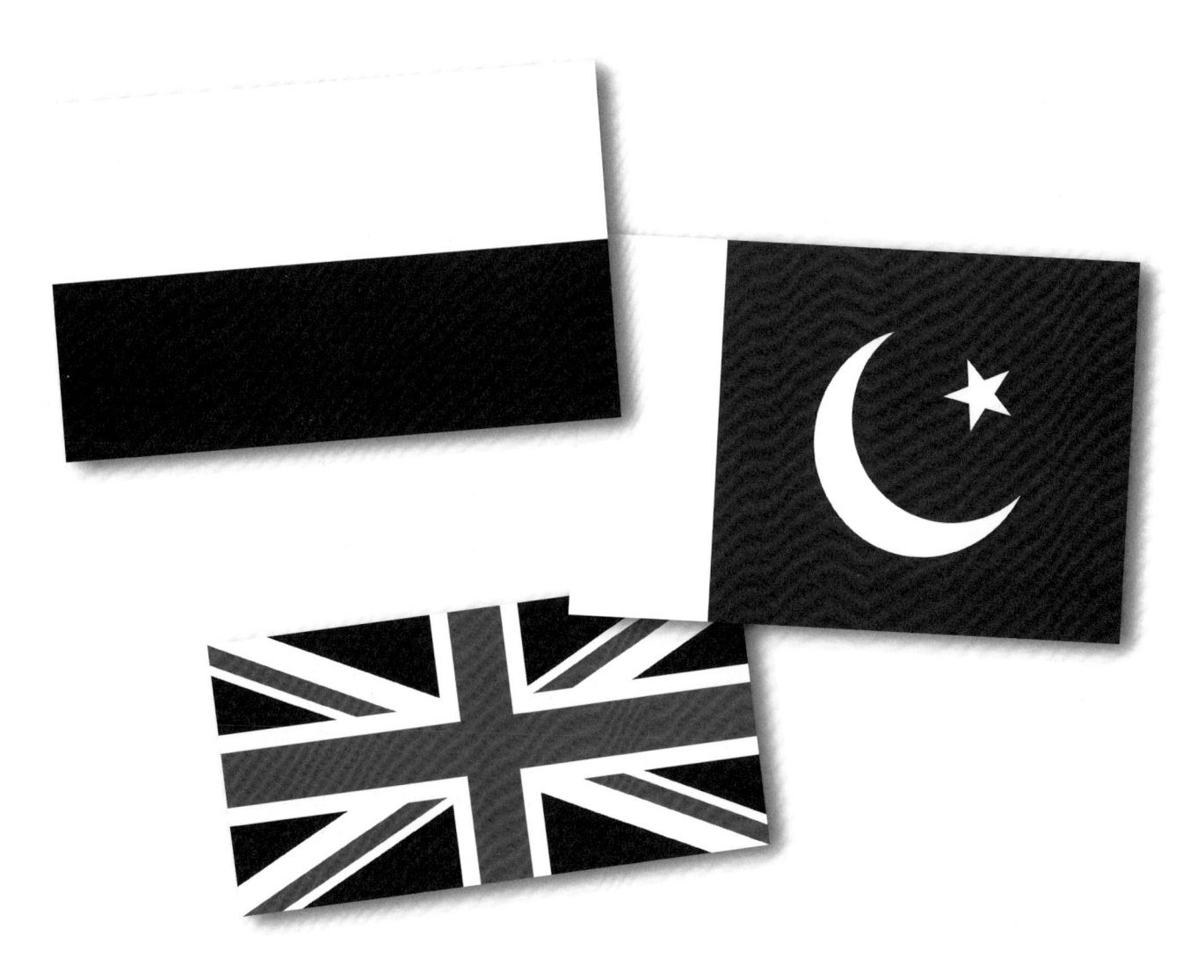

My new life in Great Britain

Farah's story

My father came to London after the Second World War. Great Britain needed a lot of workers because the country had been *destroyed* during the war. Thus, he came to help, and he was full of hope for a better life. My mother and I stayed in Pakistan. I had a happy life even though we had no running water, no washing machine and no TV. We joined my father three years later. I was six at that point. I started primary school after my first week in the new country. There were many other immigrant children in my class so I made friends quickly. However, school was still hard for me, because I did not speak English very well so I had trouble following the classes. I think for my mother moving to Great Britain was really difficult, too. She had a very hard time making new friends because she did not have a job. Also, she still misses food from home – even though there are some markets in London that sell Pakistani food. Since my father worked, his start in England was a lot easier. He made friends quickly – most of them were immigrants, too.

→ *destroyed: zerstört*

Dawid's story

Even though my dad taught in a college in Poland, he did not earn much money. My parents had no idea how to afford sending my sister and me to university. Thus, we left Poland two years ago. I was twelve then, and I was really excited and looking forward to our new life. Unfortunately, the first months in England were really hard. I could not speak English very well, and I was called names and pushed around by other children at school. My sister was luckier. There were other immigrant children in her class, so she made new friends soon: Aki and Sado. Aki had come to the UK with her family after their house had been destroyed in the big tsunami in Japan in 2011. Sado had fled from the war in Afghanistan with her family.

Today, I have lots of good friends, too, and most of them are English. I learned the language quickly, because I watched TV a lot and read about two books a week. Now, I speak English even better than my Mum. My father speaks English well, too. He talks a lot, because he works as a taxi driver. He says that British people do not like being taxi drivers, so he has lots of colleagues from other countries but lots of British *customers*.

→ *customer: Kunde*

Read Farah's/Dawid's story. Take notes about
a) why Farah/Dawid and her/his family immigrated to Great Britain.
b) what life was like for Farah/Dawid and her/his family during their first months in Great Britain.

Then, tell your partner about it.
After each story talk about how you feel about the story together.
Use the phrases on your *Cheat Sheet*
(➡ *Talking about informational texts*).

Ellis Island – Isle of Hope, Isle of Tears

Darum geht's

In dieser Stunde erfahren die Schüler nicht nur viele interessante Informationen über die bekannteste Einreisebehörde der USA, sondern sie schlüpfen selbst in die Rolle von Einwanderern und durchlaufen alle Stationen auf Ellis Island, die die Immigranten damals auch durchlaufen mussten. Wer von ihnen darf am Ende in den USA bleiben und warum werden einige wieder zurück nach Europa geschickt? Diese Fragen werden erst am Ende der Stunde geklärt.

Kompetenzerwartungen

Die Schüler
- beschäftigen sich intensiv mit der Einreisebehörde Ellis Island.
- trainieren ihre mündliche Kommunikation.
- trainieren ihr Leseverstehen.

Materialliste

- Materialblätter *Ellis Island – Isle of Hope, Isle of Tears*
- leere Zettel für die „Kreidemarkierungen" der Ärzte

◎ Das bereiten Sie vor

- Reservieren Sie einen Raum mit Smartboard und Internetzugang.
- Fertigen Sie Kopien der Materialblätter an und zerschneiden Sie sie.

◎ Stundenverlauf

Einstieg (ca. 5 Min.)

Laden Sie die Schüler zu einer Zeitreise ein und bitten Sie sie, sich in die folgende Situation hineinzuversetzen: *It's the year 1910. Industrialisation has just started in Europe, and your father has got a job in a factory. The working conditions are bad, and he barely earns enough money to support the family. Your parents decide to immigrate to the USA because they hope for a better life there. How do you feel?*

Geben Sie den Schülern etwas Zeit, um sich in diese Situation hineinzuversetzen und ihre Gefühle stichpunktartig zu notieren, bevor Sie sie im Plenum zusammentragen.

Leiten Sie dann auf die Arbeitsphase über: *Most of you feel hopeful, but also nervous and maybe a bit afraid. Let's see what immigration to the USA through the most important port of entry 'Ellis Island' looked like at the turn of the century.*

Arbeitsphase (ca. 10 Min. + 20 Min.)

Zeigen Sie den Schülern das Youtube-Video *TeacherTube – A virtual voyage to Ellis Island* (5:30). Ggf. müssen Sie es hin und wieder anhalten, weil die Schriftzüge nur kurz eingeblendet werden. Sollte dieses Video nicht verfügbar sein, können Sie alternativ das Video *Ellis Island 1892–1954* (1:04) oder *Immigration Ellis Island 1911* (2:27) zeigen. Alle Videos finden Sie, wenn Sie in der Youtube-Suchleiste *Ellis Island* eingeben.

Lassen Sie die Schüler, während sie das Video sehen, notieren, welche Stationen die Immigranten auf *Ellis Island* durchlaufen mussten. Lassen Sie die Schüler diese Stationen danach im Plenum nennen (1. Baggage check, 2. Staircase, 3. Medical exam, 4. Waiting room in the Great Hall, 5. Interview in the Great Hall, 6. Money exchange, 7. "Kissing Post"). Leiten Sie dann auf die nächste Phase über: *Having seen what Ellis Island was like, let's experience immigration through Ellis Island.*

Im folgenden Rollenspiel, das an einer Treppe im oder am Schulgebäude gespielt werden sollte, durchlaufen die Schüler den Einwanderungsprozess. Direkt nach ihrer Ankunft auf Ellis Island legen die Einwanderer zunächst ihr Gepäck ab (in diesem Fall im Klassenraum). Dann steigen sie die große Treppe hoch und werden dort von Ärzten empfangen, die ihren Gesundheitszustand bereits erkannt haben und ihnen einen Zettel mit einer Markierung geben, die auf die Art ihrer Krankheit hindeutet (damals bekamen die Immigranten Kreidemarkierungen). Im Anschluss werden die Immigranten von den Inspektoren interviewt, z. B. im Flur.

Für das Rollenspiel brauchen Sie bei 25 Schülern zehn Einwanderer, zehn Inspektoren und fünf Ärzte. Die Anzahl der Einwanderer und der Inspektoren sollte identisch sein; es werden nur wenige Ärzte gebraucht.

Geben Sie zunächst den Einwanderern im Klassenraum je eine *immigration story card* vom dritten Materialblatt (hier können auch zwei Schüler die gleiche Karte erhalten). Die Schüler sollen sich mithilfe dieser Karten so gut in ihre Rolle hineinversetzen, dass sie später auf Interviewfragen der Inspektoren entsprechend antworten können. Auf Fragen, zu denen die Antwort nicht auf der Rollenkarte steht, sollen sie sich eine Antwort ausdenken.

Gehen Sie dann mit den Ärzten und Inspektoren in den Flur, sodass die Einwanderer nicht mitbekommen, wie Sie die Ärzte und Inspektoren instruieren. Teilen Sie ihnen die *Instructions for the doctors* bzw. *inspectors* (siehe Materialblatt) aus und geben Sie ihnen dazu die folgenden Anweisungen:

Die Ärzte sollen später die medizinische Untersuchung durchführen, wobei sie sich dabei darauf beschränken, zu schauen, wie gut oder schlecht die Immigranten die Treppe hinaufsteigen. Wenn die Einwanderer oben angekommen sind, bekommen sie von den Ärzten einen Zettel mit einer Markierung in die Hand gedrückt, die auf eine bestimmte Krankheit hindeutet. Dafür müssen die Ärzte vor dem Rollenspiel noch die leeren Zettel mit entsprechenden Markierungen beschriften (je eine Markierung pro Zettel, siehe *Instructions for the doctors*).

Die Inspektoren interviewen die Einwanderer nach der medizinischen Untersuchung und entscheiden im Anschluss darüber, wer einwandern darf und wer nicht *(siehe Instructions for the immigration inspectors)*.

Führen Sie das Rollenspiel dann mit den Schülern durch.

Abschluss (ca. 10 Min.)

Den Abschluss bildet die Klärung der Fragen, wer in die USA einwandern darf, wer nicht und warum. Lassen Sie zunächst alle Einwanderer aufzeigen, die tatsächlich einwandern durften, dann all diejenigen, die nicht einwandern durften. Bitten Sie dann alle Einwanderer, ihre Markierungen zu zeigen, und lassen Sie die Ärzte sagen, wofür diese Markierungen stehen. Erklären Sie, warum Einwanderer mit der Augenkrankheit *trachoma* (CT) nicht einwandern durften: *Trachoma* (eine starke Bindehautentzündung) war in den USA nicht bekannt und deshalb nicht heilbar. Immigranten mit dieser Krankheit wurden darum wieder zurück nach Europa geschickt. Psychisch kranke Menschen (⊗) durften ebenfalls nicht einwandern. Auch den Menschen, die angaben, bereits einen Job in den USA zu haben, wurde die Einreise verweigert. Einige Amerikaner versuchten, die Situation der Europäer damals auszunutzen. Sie nahmen Kontakt zu Menschen auf, die in die USA einwandern wollten, und versprachen ihnen einen Job – allerdings zu sehr geringen Löhnen. Um dieser Art von Ausbeutung Herr zu werden, durften Menschen mit einem Jobversprechen nicht mehr in die USA einwandern.

Wenn noch Zeit bleibt, können Sie den Schülern die Frage stellen, ob sie eine Idee haben, warum Ellis Island auch den Beinamen *Isle of Hope, Isle of Tears* trägt: Die meisten Einwanderer reisten mit großen Hoffnungen nach Amerika. Für manche von ihnen endete die Reise jedoch schon auf Ellis Island, weil ihnen z. B. aufgrund einer Krankheit die Einreise verweigert wurde.

Ellis Island – Isle of Hope, Isle of Tears (1/3)

Instructions for the doctors

- Watch the immigrants climb up the stairs. When they have reached the top of the stairs, give them a card with a mark indicating a kind of illness.
- At least one immigrant should receive a card with the mark CT.
- At least one other immigrant should receive a card with an ⊗.
- Use these marks for the different kinds of diseases:

X	suspended mental defect	F	face	L	lameness
⊗	definite signs of mental disease	FT	feet	P	*physical* and lungs
B	back	G	*goiter*	PG	pregnancy
C	*conjunctivitis*	H	heart	SC	*scalp*
CT	*trachoma*	K	*hernia*	S	*senility*
E	eyes	N	neck		

→ *conjunctivitis: Gelenke, trachoma: (hartnäckige) Bindehautentzündung, goiter: Kropf, hernia: Bruch, physical: hier: organisch, scalp: Kopfhaut, senility: Altersschwäche*

Instructions for the doctors

- Watch the immigrants climb up the stairs. When they have reached the top of the stairs, give them a card with a mark indicating a kind of illness.
- At least one immigrant should receive a card with the mark CT.
- At least one other immigrant should receive a card with an ⊗.
- Use these marks for the different kinds of diseases:

X	suspended mental defect	F	face	L	lameness
⊗	definite signs of mental disease	FT	feet	P	*physical* and lungs
B	back	G	*goiter*	PG	pregnancy
C	*conjunctivitis*	H	heart	SC	*scalp*
CT	*trachoma*	K	*hernia*	S	*senility*
E	eyes	N	neck		

→ *conjunctivitis: Gelenke, trachoma: (hartnäckige) Bindehautentzündung, goiter: Kropf, hernia: Bruch, physical: hier: organisch, scalp: Kopfhaut, senility: Altersschwäche*

Ellis Island – Isle of Hope, Isle of Tears (2/3)

Instructions for the immigration inspectors

Ask the immigrant the following questions. After having asked the questions, look at the immigrant's "chalk mark". Do not let immigrants enter the USA who
a) have the chalk mark CT or
b) have the chalk mark ⊗ or
c) claim to already have a job in the USA.

1. What is your number on the list of the ship with which you came?
2. What is your full name?
3. How old are you?
4. Are you male or female?
5. Are you married or single?
6. *What is your occupation?*
7. Are you able to read and write?
8. What country are you from?
9. What is your race?
10. Where was your last *residence*?
11. What is the name and address of a relative in your home country?
12. What is your final destination in America?
13. Do you have a ticket to your final destination?
14. Who paid for your journey?
15. Do you have $50?
16. Have you been to America before?
17. Are you meeting a relative here in America? What is his name and address?
18. Have you ever been in a prison, *almshouse*, or *institution for care of the insane*?
19. Are you a polygamist?
20. Are you an anarchist?
21. Are you coming to America with an offer, promise or agreement of a job?
22. What is the condition of your health?
23. Are you deformed or crippled?
24. How tall are you?
25. What is the color of your skin?
26. What color are your eyes/hair?
27. Do you have any identifying marks? *(scars, birthmarks)*
28. Where were you born? (list country and city)

What is your occupation?: hier: Welchen Beruf haben Sie gelernt?, residence: Wohnort, almshouse: Armenhaus, institution for care of the insane: Psychatrie, polygamist: a marriage with more than two partners,

→ *scar: Narbe, birthmark: Muttermal*

Ellis Island – Isle of Hope, Isle of Tears (3/3)

◎ Immigration story cards

Abel Stern

It's the year 1942. Your name is Abel Stern, and you're 31 years old. You've fled from Germany with your wife and your three children because life in Nazi Germany is becoming more and more dangerous for Jews. At home, you worked in a glass factory. Now, you and your family want to join your brother who immigrated to the USA a year ago and who lives in Manhattan now. He has already found a job for you, so you're quite happy.

Tom Smith

It's the year 1893. Your name is Tom Smith, and you're 21 years old. After your father's death, you feel responsible for your mother and your younger siblings. Thus, you leave England hoping for a better life in the USA and hoping to be able to send money to your family soon. You don't have a job in the USA yet, but in England you worked as a *carpenter*, and you are very talented.

→ *carpenter*: Zimmermann

Maria Accardo

It's the year 1912. Your name is Maria Accardo, and you're 26 years old. You left Italy with your husband Antonio. You fled from poverty in your home country, and now you're hoping for a better life. Your brother moved to the USA two years ago, and you and your husband want to join him in Pennsylvania.

Marc Dupont

It's the year 1894. Your name is Marc Dupont, and you're 30 years old. You've heard of the Homestead Act of 1862 offering public land to every immigrant who plans on becoming a citizen. Thus, you've left France with your wife and your daughter to find a better life in the USA. Back in your home country you worked as a doctor.

Ina Baumann

It's the year 1918. Your name is Ina Baumann, and you're 22 years old. The First World War has just ended in Europe, and life is still bad in Germany because a lot of people are poor and there's not enough food for everybody. You decide to board a ship in Hamburg together with your husband and your 4-year-old child in order to immigrate to the USA. You're full of hope for a better life.

Seymour Rechtzeit

It's the year 1918. Your name is Seymour Rechtzeit, and you're 24 years old. The First World War has just ended in Europe, and life is still bad in Poland. You're a very talented singer, and you've already given lots of concerts in Poland. However, you decide to go to the USA with your father where there will be more opportunities for you. An uncle living in the USA has already sent the tickets for the two of you to travel across the Atlantic.

Informationen nach: www.schenectady.k12.ny.us/users/title3/Future%20Grant%20Projects/Projects/immigrationhom/hilary/hlsimmigration/Hilary%20page/ellisGOOD.htm
www.nps.gov/elis/forkids/upload/ellisjrranger.pdf?
www.scholastic.com/teachers/article/relive-boys-journey

America the beautiful

Darum geht's

Warum hat die Krone von *Lady Liberty* ausgerechnet sieben Zacken? Und weshalb haben die Amerikaner einen Adler als Nationalsymbol, obwohl man doch eher den Truthahn mit den USA in Verbindung bringt?
Diesen Fragen gehen die Schüler in dieser Stunde auf den Grund. Nach einem kommunikativen Einstieg befassen sie sich mit drei amerikanischen Nationalsymbolen: der *Statue of Liberty*, den *Stars and Stripes* und dem *Bald Eagle*. Die Hintergrundinformationen, die sie hier erfahren, sind interessant, erstaunlich und werden sie zum Schmunzeln bringen. Abschließend beschäftigen sie sich mit der Frage nach dem Effekt solcher Nationalsymbole.

Kompetenzerwartungen

Die Schüler
- trainieren ihre mündliche Kommunikation.
- setzen sich mit den Hintergründen verschiedener amerikanischer Nationalsymbole auseinander.
- trainieren ihr Leseverstehen.

Materialliste

- Lied *Pride* von Amy MacDonald und Abspielmöglichkeit
- Folie mit dem Liedtext zu *Pride* von Amy MacDonald
- Materialblatt *America the beautiful*

◎ Das bereiten Sie vor

- Besorgen Sie sich den Liedtext von *Pride* und ziehen Sie ihn auf Folie. Besorgen Sie außerdem das Lied.
- Kopieren Sie das Materialblatt pro Schüler 1-mal.

◎ Stundenverlauf

Einstieg (ca. 10 Minuten)

Stellen Sie den Schülern die folgenden Fragen: *In which situations are you proud or what are you proud of? Why?* Geben Sie den Schülern ca. drei Minuten Zeit, um über diese Fragen nachzudenken und sich stichpunktartig Notizen zu machen. Lassen Sie die Schüler die Fragen dann in einer Murmelphase mit ihrem Sitznachbarn besprechen, bevor Sie sie nochmals im Plenum beantworten lassen.
Leiten Sie anschließend mit der Feststellung *Well, I think it's very interesting that none of you is proud to be a German. Let's listen to how Amy MacDonald feels about her country* auf die nächste Phase über.

Arbeitsphase (ca. 7 Minuten + 20 Minuten)

Projizieren Sie den Liedtext per Overheadprojektor an die Wand und spielen Sie das Lied ab. Amy MacDonalds hat das Lied geschrieben, nachdem sie bei einer schottischen Sportveranstaltung wieder einmal die schottische Nationalhymne singen durfte.*
Während die Schüler ihren Song hören bzw. den Text lesen, sollen sie anhand des Textes nachvollziehen, was die Sängerin für ihr Land empfindet. Stellen Sie den Schülern nach dem Hören des Songs zunächst die Frage *What is the music like?* (➜ *cheerful, happy*). Fragen Sie dann nach den Gefühlen der Sängerin hinsichtlich ihres Landes (➜ *She would do anything for her country. She feels really proud and enthusiastic about Scotland. Her country means everything to her.*)
Leiten Sie im Anschluss auf die USA über: *Even though Amy MacDonald is singing this song about Scotland, an American singer could have sung this song about the USA as well. Americans are very patriotic, which you can see from the many national symbols they have. In the following you will learn about three of them: the Statue of Liberty, the bald eagle and the American flag.*

---

* Nach: www.hr-online.de/website/radio/hr3/index.jsp?rubrik=55603&key=standard_document_45648801

Immigration and national pride | Stundenüberschrift | Lehrerhinweise

Verteilen Sie die drei Infozettel zu den Nationalsymbolen auf dem Materialblatt auf drei Ecken des Raumes und teilen Sie die Schüler in drei Blöcke auf: Die Schüler von Block 1 holen sich zunächst den Infozettel aus der ihnen am nächsten liegenden Ecke. Nachdem sie den Zettel gelesen haben, sich dazu Notizen gemacht und ihn zurückgebracht haben, holen sie sich den in der nächsten Ecke liegenden Zettel, wobei sie hier im Uhrzeigersinn vorgehen. Block 2 und 3 beginnen jeweils mit einem anderen Nationalsymbol bzw. einer anderen Ecke im Klassenraum.
In dieser Phase arbeiten die Schüler in Einzelarbeit. Die Einteilung in Blöcke dient lediglich dazu, die Schüler an unterschiedlichen Ecken des Klassenraumes beginnen zu lassen, um Chaos zu vermeiden.
Teilen Sie jedem Schüler den Arbeitsauftrag aus und erklären Sie das Prozedere mithilfe des Zettels.
Beenden Sie die Phase, wenn jeder Schüler sich mindestens 1-mal mit einem anderen Schüler über die gelesenen Informationen ausgetauscht hat.

Abschluss (ca. 8 Minuten)

Leiten Sie dann auf die Abschlussphase über: *Having learned a lot about American national symbols, can you imagine what effect they have on the people of this country? (➜ They create an effect of unity among the citizens).* Lassen Sie die Schüler zunächst zwei Minuten über die Frage nachdenken und sich dann mit ihrem Sitznachbarn austauschen, bevor Sie gemeinsam im Plenum darüber sprechen.

America the beautiful

Bald Eagle

The *bald eagle* was chosen as the official bird *emblem* in 1782 because of its majestic beauty, great strength and long life. Also, it is native to North America, and for the young country which was still fighting to be fully independent from Europe it was important to have a national animal that could not be found in Europe. Benjamin Franklin was not happy about this choice. In a letter to his daughter he called the bald eagle "a bird of bad moral character" and a *"coward"*. In his opinion, the *turkey* would have been a much better choice being a "much more respectable bird" and a "bird of courage".

→ bald eagle: Weißkopfseeadler, emblem: Wappen/ Symbol, coward: Feigling, turkey: Truthahn

Nach: www.statesymbolsusa.org/National_Symbols/ Bird_bald_eagle.html; www.greatseal.com/symbols/ turkey.html

Statue of Liberty

For many immigrants coming to the USA from Europe, the Statue of Liberty was the first image they saw of the USA. It was a present from France to the USA for the 100th *anniversary* of its independence. It is a symbol of freedom, and Lady Liberty's crown has seven spikes that stand for the Seven Seas (a phrase including all the oceans of the world) across which freedom should be *spread*. She holds a tablet with the Declaration of Independence in her left hand and a torch in her right hand symbolizing *Enlightenment*. It took the sculptor nine years to complete it in 1884, and it was sent to the USA in 214 boxes. Lady Liberty is 46,05 meters tall and together with the *pedestal* 93 meters high.

→ anniversary: Jahrestag, (to be) spread: verbreitet werden, Enlightenment: Aufklärung, pedestal: Podest, Sockel

Nach: www.aviewoncities.com/nyc/statueofliberty.htm

American flag

The American flag has always been a symbol of national pride. It has 13 stripes (seven red ones and six white ones) which stand for the very first 13 American colonies. The stars represent the states that belong to the USA. Thus, their number changed over the years. Today, the flag has 50 stars. Because of this design, it is also called Stars and Stripes. The colors of the flag have different meanings: Red is for courage and *determination*, white for hope and *purity*, and blue stands for loyalty, honesty, justice and truth. In the USA, lots of people have a flag in their garden or at their house. It should also be hung on or near the main building on every public place and on school days in or near every school house.

→ determination: Entschlossenheit, purity: Reinheit

Nach: www.va.gov/kids/k-5/multicontent.asp?intPageId=8

1. Go to the first corner and get the first info text. Read it. Then, write down two pieces of information that you find interesting about this national symbol.
2. Go to the next corner and get the second info text. Read it. Write down two pieces of information that you find interesting about this national symbol.
3. Do the same with the third info text.
4. Go to the board and talk with the first pupil who joins you about the things you found most interesting.
5. When you are done, find a new partner to talk with.

Growing up

Klassen 9 und 10

Growing up – What does that mean?

Darum geht's

In dieser Stunde geht es um die Frage, was der Terminus *growing up* bedeutet.
Zunächst setzen sich die Schüler damit auseinander, was mit diesem Begriff assoziiert wird und was ihnen hier persönlich am wichtigsten erscheint. Basierend auf diesen Überlegungen und unter Einbindung des in der Stunde gelernten bzw. gefestigten Vokabulars zum Thema *growing up* erstellen die Schüler dann einen Wikipediaeintrag zu diesem Begriff.

Kompetenzerwartungen

Die Schüler
- trainieren die mündliche und schriftliche Kommunikation.
- setzen sich intensiv mit der Phase des Erwachsenwerdens auseinander.
- wiederholen, festigen und erweitern ihr Vokabular zum Thema *growing up*.

Materialliste

Materialblatt *Growing up – what does that mean?*

◎ Das bereiten Sie vor

Kopieren Sie das Materialblatt *Growing up* pro Schülerpaar 1-mal.

◎ Stundenverlauf

Einstieg (ca. 5 Minuten)

Den Einstieg bildet ein Brainstorming zum Thema *growing up*. Geben Sie den Schülern zunächst zwei Minuten Zeit, um Wörter zu notieren, bevor sie diese dann im Plenum mündlich zusammentragen. Leiten Sie im Anschluss wie folgt auf die Arbeitsphase über: *You've already named lots of things that you associate with the term growing up, but there are a lot more aspects to it.*

Arbeitsphase (ca. 10 Minuten + 7 Minuten + 15 Minuten)

Die folgende Phase ist ein Spiel mit Wettkampfcharakter zur Festigung von Vokabeln zum Thema *growing up*.
Die Schüler spielen zu zweit. Teilen Sie jedem Spielpaar das Materialblatt aus und geben Sie ihnen etwas Zeit, alle Begriffe zu lesen.
Nun erklären bzw. umschreiben Sie einen der Begriffe. Beide Spielpartner versuchen, die dazu passende Vokabel so schnell wie möglich auf der Kopiervorlage zu finden. Der Schüler, der die Vokabel gefunden zu haben glaubt, zeigt mit dem Finger darauf und meldet sich.
Warten Sie als Spielleiter, bis sich mehrere Schüler melden, bevor Sie einen Schüler drannehmen, der die Lösung sagt. Alle Spielpartner, die mit dem Finger auf die richtige Vokabel gezeigt hatten, bekommen einen Punkt. Hat ein Schüler dagegen auf eine falsche Vokabel gezeigt, bekommt er einen Minuspunkt. Die Schüler notieren ihre Punkte selbstständig.
Erklären Sie so nacheinander verschiedene Vokabeln. Die Spielpartner mit den meisten Punkten haben gewonnen. Beenden Sie das Spiel nach ca. zehn Minuten und fragen Sie die Schüler, ob es Vokabeln gibt, die sie nicht verstanden haben und die einer weiteren Erklärung oder Übersetzung bedürfen.

Im Folgenden sucht sich jeder Schüler drei Aspekte aus dem Materialblatt aus, die er bezogen auf die Phase des Erwachsenwerdens für besonders wichtig hält. Geben Sie den Schülern dann ca. fünf Minuten Zeit, um sich nach der *Talk-Change-Talk*-Methode (siehe Vorwort S. 5) über ihre gewählten Punkte auszutauschen. Dabei sollen sie ihren Sprechpartnern natürlich nicht nur ihre Aspekte nennen, sondern auch begründen, warum sie gerade diese ausgewählt haben. Hören Sie einzelnen Schülern zunächst zu und verbessern Sie bei groben sprachlichen Fehlern bzw. bieten Unterstützung. Schreiben Sie dann den Arbeitsauftrag für die folgende Phase an die Tafel:

Growing up | Growing up – What does that mean? | Lehrerhinweise | 28

> Based on what you and your classmates associate with the term growing up, explain this term in the form of a Wikipedia entry.
> You may use the words from the worksheet.
>
> Time: 15 minutes

Abschluss (ca. 8 Minuten)

Den Abschluss bildet die Präsentation der Wikipediaeinträge.

Growing up – what does that mean?

driver's license (to) find your identity privacy

(to) go to a disco summer job (to) date sb. girlfriend

text messages (to) drink alcohol (to) fall in love with sb.

(to) party peer pressure diary

contraceptive (to) fight with parents (to) put on make-up

(to) break up with sb. (to) go dancing fashion

high school diploma (to) make decisions

growing up

(to) be insecure teenage pregnancy

drug addiction legal age limit (to) be sexually active/(to) have sex

drug abuse anorexia puberty

body changes adolescent (to) lose one's virginity

mature social networks binge drinking rebellion

difficult parent-child relationship acne

(to) take on responsibility best friend Whatsapp

secrets embarrassment peer group

(to) try to fit in emotional ups and downs/mood changes

boyfriend

Take it easy!

Darum geht's

In dieser Stunde sollen sich die Schüler mit dem Thema Stressmanagement auseinandersetzen. Nach einem kurzen Einstieg beschäftigen sie sich mit der Frage, inwieweit Stress sie selbst in ihrem Leben beeinflusst. Anschließend lernen sie verschiedene Möglichkeiten kennen, mit Stress besser umzugehen. Nach einer Reflektionsphase darüber, wie sie diese Strategien auf ihre eigenen Stresssituationen anwenden können, tauschen sich die Schüler darüber aus.
Den Abschluss bildet die Diskussion der Frage, in welchen Situationen Stress sich auch positiv auswirken kann.

Kompetenzerwartungen

Die Schüler
- trainieren die mündliche Kommunikation.
- trainieren ihr Leseverständnis.
- setzen sich damit auseinander, wie sie mit Stress gut umgehen können, und wenden die gelernten Strategien auf die Situationen an, in denen sie sich gestresst fühlen.

Materialliste

- Glocke
- Musik ohne Gesang, Abspielmöglichkeit
- Materialblatt *Take it easy!*

◎ Das bereiten Sie vor

Fertigen Sie Kopien des Materialblattes an (pro 3er-Team 1-mal). Schneiden Sie die Vorlage entlang der gestrichelten Linien auseinander.

◎ Stundenverlauf

Einstieg (ca. 5 Minuten)

Schreiben Sie vor dem Unterricht die folgenden Wörter in zwei Spalten an die Tafel, sodass Spalte A von der rechten Tafelhälfte, Spalte B von der linken Tafelhälfte verdeckt werden kann:

A	B
exams	homework
cell phones	(long) queues
noise	perfectionism

Zu Beginn der Stunde arbeiten die Schüler in 2er-Teams: Ein Schüler sieht, was an der Tafel steht, der andere dreht sich mit dem Gesicht in die entgegengesetzte Richtung.
Klappen Sie nun die rechte Tafelhälfte auf. Partner A erklärt Partner B die Wörter, Partner B muss sie erraten. Lassen Sie die Schüler dann die Rollen tauschen und klappen Sie die linke Tafelhälfte auf. Nun erklärt Partner B. Partner A rät.
Bitten Sie die Schüler dann, anhand der an der Tafel stehenden Begriffe das Stundenthema zu erraten. Vielleicht kommen sie auf das Thema Stress.

Arbeitsphase (ca. 5 Minuten + 15 Minuten + 15 Minuten)

In der ersten Arbeitsphase tauschen sich die Schüler nach der *Milling-Around*-Methode (siehe Vorwort S. 6) über Stress in ihrem Alltag und seine Auswirkungen aus. Stellen Sie nacheinander die folgenden Fragen:
1. *In which situations do you feel stressed?*
2. *How does your body react to stress (e.g. with headaches or sleeplessness)?*
3. *Do you deal with other people differently when you are stressed? How?*

Fragen Sie die Schüler im Anschluss an jede Partnerphase kurz im Plenum nach ihrer Antwort, bevor Sie die Musik erneut anmachen.
Leiten Sie dann wie folgt auf die nächste Phase über: *Since most of us feel stressed once in a while and the effects of stress are often negative, let's see what experts advise us to do to cope well with stress.*

Teilen Sie die Schüler in 3er-Teams ein und geben Sie jedem Schüler einen Text mit einer Stressbewältigungsstrategie (siehe Materialblatt). In der Gruppe sollen die einzelnen Mitglieder nun ihren jeweiligen Text lesen und ihren Gruppenmitgliedern anschließend die entsprechende Stressbe-

Growing up | Take it easy! | Lehrerhinweise

wältigungsstrategie vorstellen. Dann diskutieren sie, inwieweit sie die Ratschläge hilfreich finden und warum. Ihre letzte Aufgabe besteht darin, zu besprechen, was sie selbst machen, um sich zu entspannen.
Schreiben Sie also folgenden Arbeitsauftrag an die Tafel:
1. Read your text about one possible stress management strategy.
2. Inform the other group members about the stress management strategy described in your text.
3. Discuss whether you find the strategies helpful or not and give reasons.
4. Talk about what you personally do to relax.

Im Anschluss an die Gruppenarbeit werden die Entspannungsmethoden der Schüler kurz im Plenum zusammengetragen.

Im nächsten Schritt sollen die Schüler die kennengelernten Strategien auf ihre eigenen Stresssituationen anwenden. Sie bekommen zehn Minuten Zeit, um ihre Stresssituationen zu reflektieren und sich stichpunktartig Notizen zu machen. Schreiben Sie zur Unterstützung die folgenden Leitfragen an die Tafel:
1. In which situations do you feel stressed and what exactly are the stressors?
2. Can the stressor be avoided?
3. Can you change the situation or your attitude in any way?

Erklären Sie das Wort *stressor*.
Im Anschluss tauschen sich die Schüler über das Ergebnis ihrer Reflexion aus.

Abschluss (ca. 5 Minuten)

Den Abschluss der Stunde bildet die Diskussion der Frage *In which situations have you experienced stress to be positive and helpful to achieve a goal?* Diese Frage können die Schüler vor der Plenumsdiskussion zunächst mit ihrem Partner besprechen.

Take it easy!

Strategy I: Identify what exactly stresses you in your life.

First, find out what exactly stresses you. Often, this can be more difficult than it seems to be at first glance. Is it really the upcoming exam, or is it rather the fact that your parents' expectations are so high and you feel that you have *to live up to their expectations*? Writing a stress journal might help you to identify your main sources of stress. In this stress journal you should answer the following questions: 1. What caused your stress (a certain situation or a person)? 2. How did you feel in this situation and how did your body react to it? 3. How did you act in response (e.g. Did you scream at the person or even insult the person?)? 4. What did you do that made you feel better? Finding the answers to these questions will help you to face the *stressors* and handle them better.

→ *to live up to sb.'s expectations: den Erwartungen von jdm. gerecht werden, stressor: Stressfaktor*

Strategy II: Try to avoid sources of stress.

If a certain person stresses you out, analyse what stresses you exactly and talk the matter through with this person to change the situation for you. If this is not possible, try to avoid the person. If you feel stressed among crowds of people, do not go shopping on Saturdays. If you have to be somewhere on time, leave early to avoid being stressed on the way to your destination. Also, learn to say "no" when people ask you to do them a favour and you already have too many things on your to-do list. Do not try to please everyone. Another important point is to decide between things which really need your attention and your time and for which you have to give 100 % and those things for which 80 % might be enough. Perfectionists always find something that should be improved and thus never come to an end. Convince yourself that not everything has to be perfect and set *reasonable* standards.

→ *reasonable: vernünftig*

Strategy III: Change your attitude and if possible the situation.

Attitude is just a little thing which makes a big difference. If you see an *obstacle* in a difficult situation, this stresses you in a negative way. However, if you see the situation as a challenge, this positive attitude can give you the energy to do really well in this situation. Also, always look for positive aspects. If you have to study for a big exam, maybe what you have to learn is actually really interesting. And in order to make studying more fun, maybe you can go for walks and study while walking. If you have to clean your room, turn on some music and call a friend to help you.

In those cases in which you cannot change the situation to make you feel better, it is still up to you how you face the problem. If you have *failed* in an exam or you have been turned down after a job interview, don't focus on negative feelings, but accept the situation and find ways to deal with it. Difficulties like these are often opportunities for personal growth and thus maybe even *blessings in disguise*.

→ *attitude: Haltung/Einstellung, obstacle: Hindernis, (to) fail in sth.: in etwas versagen, durchfallen, blessings in disguise: Segen „in Verkleidung"*

Nach: www.helpguide.org/mental/stress_management_relief_coping.htm

My life in 10 years

Darum geht's

In dieser Stunde geht es um die Wünsche und Träume der Schüler für die Zukunft.
Nach einer kommunikativen Einstiegsphase überlegen sich die Schüler, was ihre Wünsche und Träume für die Zukunft sind und was sie tun können, damit diese wahr werden. Nachdem sie sich darüber miteinander ausgetauscht haben, machen sie eine Fantasiereise in die Zukunft und berichten in einem Brief von ihrem Leben in zehn Jahren.

Kompetenzerwartungen

Die Schüler
- trainieren die mündliche und schriftliche Kommunikation.
- setzen sich nicht nur mit der Frage auseinander, wie sie sich ihre Zukunft wünschen, sondern auch, was sie tun können, damit diese Wünsche und Träume wahr werden.

Materialliste

—

Das bereiten Sie vor

- Schreiben Sie vor der Stunde die folgenden Zitate an die beiden Tafelflügel und klappen Sie die Tafelflügel dann zu, damit die Zitate für die Schüler zunächst nicht sichtbar sind:
- *All our dreams can come true, if we have the courage to pursue them. Walt Disney*
- *A dream doesn't become reality through magic; it takes sweat, determination and hard work. Colin Powell*

Stundenverlauf

Einstieg (ca. 5 Minuten)

Zeigen Sie den Schülern als Einstieg das erste Zitat von Walt Disney und initiieren Sie eine Murmelphase: *What do you think about this quote? Talk about it with your neighbour.* Nachdem sich die Schüler mit ihrem Banknachbarn über das Zitat ausgetauscht haben, sollen sie ihre Meinung noch einmal im Plenum vertreten.
Gehen Sie mit dem zweiten Zitat ebenso vor und leiten Sie dann auf die Arbeitsphase über: *Having talked about dreams for the future in general, I'd like to know what your dreams for the future are.*

Arbeitsphase (ca. 8 Minuten + 5 Minuten + 20 Minuten)

Zeichnen Sie als Unterstützung für die Schüler die folgende Mindmap an die Tafel:

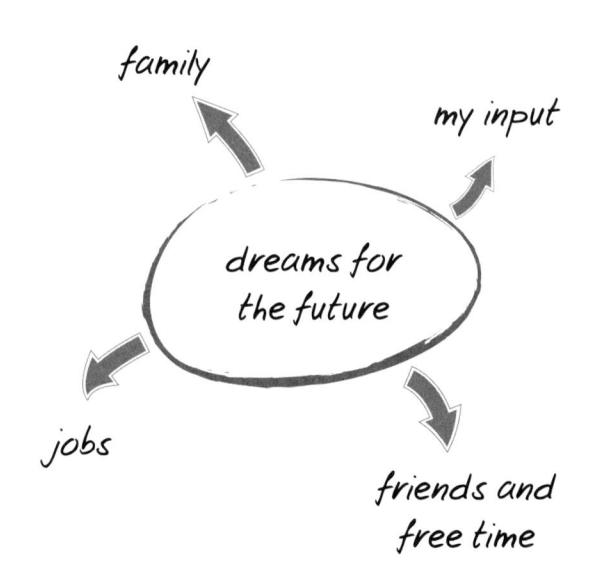

dreams for the future — family, my input, jobs, friends and free time

Growing up | My life in 10 years | Lehrerhinweise

Nun bekommen die Schüler ca. acht Minuten Zeit, um in ihrem Heft in einer Mindmap stichpunktartig festzuhalten, wie sie sich ihre Zukunft in den Bereichen *family, job* und *friends and free time* vorstellen. Unter dem Aspekt *my input* sollen sie notieren, was sie selbst tun werden, um diese Träume zu verwirklichen (z. B. *complete an apprenticeship*).

Im Folgenden tauschen sich die Schüler nach der *Talk-Change-Talk*-Methode (siehe Vorwort S. 5) über ihre Träume und Wünsche ca. fünf Minuten miteinander aus. Hören Sie einzelnen Schülern zunächst zu und unterstützen bzw. verbessern Sie ggf. Schreiben Sie dann den folgenden Arbeitsauftrag für die nächste Phase an die Tafel, wobei die Jahreszahl zehn Jahre in der Zukunft liegen soll:

> *Imagine we were in the year 2024. You write a letter to your American pen pal whom you have not contacted for a long time. You are quite happy since the dreams and hopes for the future you once had have come true. Write her/him about your life. Also, tell her/him what you did to achieve your goals. Be creative!*
>
> *Time: 20 minutes*

Bei diesem Arbeitsauftrag sollen sich die Schüler an der von ihnen zuvor angefertigten Mindmap orientieren. Damit sich die Schüler besser vorstellen können, was von ihnen erwartet wird, können Sie ihnen den folgenden Beginn eines Beispielbriefes vorlesen:

> *Dear Robbie,*
> *so many things have happened since we heard from each other the last time.*
> *Right now, I am sitting on our balcony. Ralph and I have just moved to our new apartment. We have been dating for two years now. After college he started working as an architect. As for me, I also finished my studies last summer. Now, I work as a journalist. I get to meet new people everyday, and I just love my job …*

Abschluss (ca. 7 Minuten)

Den Abschluss der Stunde bildet die Präsentation der Briefe.

Bildnachweise

S. 10:	fotolia.com/©Sebastian Hensel
S. 11:	fotolia.com/©sborisov
S. 13:	fotolia.com/©JiSIGN
S. 15:	wikimedia.org, wikimedia.org, wikimedia.org, wikimedia.org, fotolia.com/©Alex Yeung
S. 16:	fotolia.com/©Alexander Lukin
S. 18:	fotolia.com/©Denis Junker
S. 23:	fotolia.com/©BeTa-Artworks
S. 24–27:	fotolia.com/©Julia Lami, fotolia.com/©Birgit Reitz-Hofmann, fotolia.com/©mars, fotolia.com/©Julia Lami
S. 29:	fotolia.com/©Letizia
S. 37:	fotolia.com/©aletia2011
S. 40:	fotolia.com/©Superhasi
S. 41:	fotolia.com/©ChristArt
S. 47:	fotolia.com/©Klaus Eppele
S. 56:	fotolia.com/©drubig-photo
S. 61:	fotolia.com/©Jochen Schönfeld
S. 64:	fotolia.com/©Thomas Natterman
S. 65:	fotolia.com/©Emin Ozkan
S. 69:	fotolia.com/©rikilo
S. 71:	fotolia.com/©ferkelraggae
S. 72:	fotolia.com/©Markus Bormann
S. 79:	fotolia.com/©Franz Pfluegl
S. 83:	wikimedia.org, wikimedia.org, wikimedia.org
S. 85:	fotolia.com/©Jörg Launer
S. 88:	fotolia.com/©SeanPavonePhoto, fotolia.com/©UbjsP, fotolia.com/©sborisov, fotolia.com/©buellom, fotolia.com/©rabbit75_fot, fotolia.com/©Stuart Monk
S. 91:	wikimedia.org, wikimedia.org
S. 95:	fotolia.com/©Thomas Nattermann, fotolia.com/©AVAVA, fotolia.com/©laszlolorik, fotolia.com/©Klaus-Peter Adler
S. 107:	wikimedia.org, wikimedia.org, wikimedia.org
S. 115:	fotolia.com/©pixeldesigner, wikimedia.org, fotolia.com/©Guzel Studio
S. 119:	fotolia.com/©Lucky Dragon
S. 122:	fotolia.com/©Sandor Jackal
S. 124:	fotolia.com/©maigi

Medientipps

Literatur

Laura Armbrust, Sina Müller, Eva Wilden:
Appetizer Englisch.
Ideen und Materialien für themenorientierte Stundeneinstiege.
Verlag an der Ruhr, 2013.
ISBN 978-3-8346-2398-0
Abwechslungsreiche Unterrichtseinstiege für Unterrichtsreihen
und einzelne Stunden mit vielfältiger Methodik.

Dorothea Beigel:
Beweg dich, Schule!
Eine „Prise Bewegung" im täglichen Unterricht der Klassen 1–10.
Verlag Modernes Lernen, 2005.
ISBN 978-3-9381-8792-0
Viele verschiedene Vorschläge für Übungen in verschiedenen Unterrichtsfächern,
die Bewegung in Ihre Stunden bringen.

Amy Buttner:
100 Methoden für den Englischunterricht.
Ideen zur Förderung der mündlichen und schriftlichen Sprachkompetenz.
Verlag an der Ruhr, 2012.
ISBN 978-3-8346-2275-4
Motivierende Methoden, Spiele und Strategien für einen aktiven Englischunterricht,
mit großem Schwerpunkt auf der mündlichen Sprachkompetenz.

Christine und Oliver Fink:
Move ya!
Grammatikspiele mit Bewegung für den Englischunterricht.
ISBN 978-3-8346-2399-7
Spiele zu verschiedenen Grammatikthemen, die für Abwechslung,
Schwung und Bewegung im Unterricht sorgen.

Christian Häffner:
Don't be shy – just try!
Dialogue cards for active English lessons.
Verlag an der Ruhr, 2012.
ISBN 978-3-8346-0980-9
Karten für abwechslungsreiche Rollenspiele und mehr, bei denen Ihre Schüler
sich garantiert trauen, ihre mündliche Sprachkompetenz zu verbessern!

Susanne Tayfoor:
Common mistakes at First Certificate … and how to avoid them.
Cambridge University Press, 2004.
ISBN 978-0-5215-2062-1
Verschiedene Übungen zu grammatikalischen und orthografischen Themen, die Schülern
immer wieder Schwierigkeiten bereiten. Durch die kurze und leicht verständliche Erklärung
des entsprechenden Themas, gute Übungen und die Lösungen dazu am Ende des Buches
kann man die Schüler nicht nur gut auf die Prüfung zum Erhalt der Sprachzertifikates *First
Certificate of English* vorbereiten, sondern auch ideal auf die nächste Klausur in Klasse 9–13.

Medientipps

◎ Linktipps

www.englischhilfe.de
Lernportal für Schüler, in dem grammatikalische Schwerpunkte leicht verständlich erklärt werden. Zu den einzelnen Themen werden zahlreiche Übungen angeboten, die von den Schülern gut zu bewältigen sind. Ideal zum Üben für die Schüler zu Hause, aber auch einsetzbar in Vertretungsstunden, um die Schüler selbstständig einzelne Themen wiederholen zu lassen.

www.puzzlemaker.com
Internetseite, mithilfe derer sich im Nu verschiedene Arten von Rätseln erstellen lassen, um so spielerisch den Wortschatz zu wiederholen.

◎ Lernspieltipp

Haß, T.:
Lernquiz Englisch – Landeskunde: Great Britain & Northern Ireland.
Kallmeyer: Seelze, 2009.
Sehr motivierendes Quiz zum Einstieg oder Abschluss einer *Great Britain*-Einheit. Laut Spielanleitung ab 12 Jahren geeignet, ich setze es aber erst ab Klasse 9 ein.